秦汉史研究概要

—— 增订本 ——

周天游◎著

中国社会科学出版社

图书在版编目（CIP）数据

秦汉史研究概要 / 周天游著. -- 增订本. -- 北京：中国社会科学出版社，2025.1. -- ISBN 978-7-5227-4469-8

Ⅰ．K232.07

中国国家版本馆 CIP 数据核字第 2024CL0524 号

出 版 人	赵剑英
责任编辑	李凯凯
责任校对	芦　苇
责任印制	李寡寡

出　　版	中国社会科学出版社
社　　址	北京鼓楼西大街甲 158 号
邮　　编	100720
网　　址	http://www.csspw.cn
发 行 部	010-84083685
门 市 部	010-84029450
经　　销	新华书店及其他书店

印　　刷	北京君升印刷有限公司
装　　订	廊坊市广阳区广增装订厂
版　　次	2025 年 1 月第 1 版
印　　次	2025 年 1 月第 1 次印刷

开　　本	710×1000　1/16
印　　张	14
插　　页	2
字　　数	185 千字
定　　价	68.00 元

凡购买中国社会科学出版社图书，如有质量问题请与本社营销中心联系调换
电话：010-84083683
版权所有　侵权必究

目 录

一 绪论 ………………………………………………… (1)
 (一) 秦汉史研究的范围、对象和特点 …………… (1)
 (二) 秦汉史研究的目的和意义 …………………… (5)
 (三) 秦汉史研究的基本方法 ……………………… (8)

二 秦汉史研究概述 …………………………………… (13)
 (一) 秦汉史研究的历史回顾 ……………………… (13)
 (二) 新中国成立以来秦汉史专题研究成果简介 … (25)
 (三) 国外秦汉史研究概况 ………………………… (78)

三 秦汉史研究书目 …………………………………… (85)
 (一) 历史文献书目 ………………………………… (85)
 (二) 考古资料书目 ………………………………… (120)
 (三) 近现代秦汉史专著 …………………………… (132)
 (四) 国外重要秦汉史专著选目 …………………… (144)

四 秦汉史论文索引 …………………………………… (149)
 论文索引简目 ……………………………………… (149)
 论文索引 …………………………………………… (151)

五 中国秦汉史研究机构简介 …………………………………（197）
 （一）中国秦汉史研究会概况 ……………………………（197）
 （二）国内秦汉史研究机构简介 …………………………（215）

增订后记 …………………………………………………………（220）

一 绪 论

秦汉史是中国古代史的重要组成部分之一。秦汉时期是中国统一的多民族的中央集权制国家的奠基时期。自魏晋以降，直至鸦片战争前的清朝，历代封建国家的各项制度基本以秦汉之制为基准而发展变化，其基本内涵和主要矛盾迄无实质性的改变。从某种意义上讲，没有秦汉，就没有封建时代的中国。所以秦汉史历来为史学家所重视，不仅有人终身从事秦汉史的研究，甚至绝大多数其他断代史的研究者，也往往把秦汉史作为其专题研究的先导。显而易见，秦汉史研究在中国古代史研究中具有独特的重要意义。

（一）秦汉史研究的范围、对象和特点

所谓秦汉史研究的范围，是指上下断限而言。

众所周知，秦汉史的上限是公元前221年，即秦始皇统一六国，正式建立秦王朝之时，至今没有争议。但是，在实际研究中，这一上限常常被打破。究其原因，无非是秦王朝存在的时间过于短暂，仅有15年。有关秦朝的经济制度、政治制度、阶级结构、军事制度，以及思想文化方面的史料十分有限，不足以说明问题。而出土的文物考古

资料如秦简，其主要内容也是反映秦国的制度，很少涉及秦朝的历史。鉴于秦朝以中央集权制为核心的各项制度，并非一时一地的偶然产物，而是秦国，尤其是商鞅变法以来，历孝公、惠文王、武王、昭襄王和秦王嬴政五代140年左右励精图治、艰苦创业过程的必然结果。可见秦朝之制实际上是秦国之制在全国范围内的确立、改进和实施，其间有着不可分割的连续性。所以秦汉史研究者往往把研究范围上溯到商鞅变法，甚至还要追述秦人先祖的早期历史，就是十分自然的事了。林剑鸣的《秦史稿》就是这方面的典型代表。因此，秦汉史研究的上限不必拘泥于公元前221年的界限。至少商鞅变法以来的秦国历史，也应该纳入秦汉史研究的范围。

关于秦汉史研究的下限，传统的观点是断于汉献帝延康元年（公元220年），即至曹丕代汉，建立魏国止。这一说法仅以东汉末代皇帝失去帝位为主要依据，而无视自黄巾起义被镇压的同时，东汉政权已名存实亡的客观事实，是很不足取的。一般说来，汉灵帝死后，无论是少帝还是献帝，都是各路军阀手中的玩偶。不过，各霸一方的军阀的力量虽然有强有弱，开始时却并未形成一个可以左右全国形势的政治集团。而汉室仍拥有一大批较为忠实的追随者，竭力企图维护汉献帝的正统地位。因此，当时的东汉政权还存在着一个短暂的苟延残喘的时期。直到建安元年（公元196年），汉献帝迁都许昌，寄身于曹操的卵翼之下，这一局面才开始了决定性的改变。从此以曹操为主的强大的政治集团直接影响着历史发展的进程，他迅速统一北方，虎视巴蜀、江南，揭开了三国鼎立新时期的序幕。所以把公元196年作为秦汉史研究的下限，是比较符合历史实际的。

既然已经明了秦汉史研究的范围，那么秦汉史研究的对象就迎刃而解了。也就是说，凡是上追溯到秦国商鞅变法，下探及汉献帝迁都许昌止的，包括秦、西汉、东汉三个朝代的五百余年历史的全部内容，都是秦汉史研究的对象。

秦汉史研究的内容十分丰富，涉及政治、经济、军事、农民战争、民族关系、中外关系、思想文化、社会生活和历史人物评价等各个领域。面对如此众多的研究对象，我们不能不加区别地眉毛胡子一把抓，其结果必然事倍功半，收效甚微。因此，区别课题的主次缓急，是十分重要的事。可以说诸如秦汉的社会性质、秦汉封建专制主义中央集权制度、秦汉时期的阶级矛盾和农民战争、秦汉时期汉民族的形成及其与诸少数民族的关系等问题，无疑是主要研究的对象。这些牵动全局的问题弄懂了，那么秦汉史的其他问题，就可以比较容易地得到解决。

当然，在研究主要问题的同时，也不能忽视次要问题的探讨。比如对汉代家族史和社会生活史的研讨，中华人民共和国成立后30多年，几乎无人问津，到20世纪八九十年代才稍有转机。其中关于两汉豪族发展变迁史的探索，对解决秦汉社会性质、中央集权制的衰落和世族门阀的形成等问题，大有帮助。而在了解汉代饮食生活基本以一日两餐为主要形式的情况后，对某些学者过高估价两汉农业生产的实际水平，也等于注入了一针清醒剂。

因此，我们既要抓住重点，又要开拓新领域，以点带面，相辅相成。这样秦汉史研究才能有条不紊地顺利地开展下去。

无须讳言，秦汉史研究的难度是较大的。主要是理论上有待于突破，史料极需要开拓。这两个问题解决不好，秦汉史的研究就难以深入。

比如秦汉社会性质问题，不仅是秦汉史研究者重点攻关的对象，也是中国古史分期争论的焦点。尽管已取得了许多成绩，但离问题的最终解决还有很大的距离。其主要原因首先是对马克思主义关于奴隶社会和封建社会的基本定义和主要理论的学习缺乏系统性和完整性，理解上也带有较大的片面性。所以至今尚没人能够结合中国古代社会的实际，从理论上作出全面的令人信服的回答。甚至在如何区别奴隶制和封建制的标准上，也没有统一的认识。这种状况不改变，秦汉社会性质的问题自然不可能解决好，而秦汉其他问题的解决也必然受到影响。其次为了弄清秦汉社会性质，在对商鞅变法的性质和作用，秦汉租佃制度及其在经济生活中的比重，秦汉生产力的发展水平，秦汉自耕农的地位，秦汉官私奴婢的数量、来源、地位及其在农业、工商业中的作用，秦汉地主阶级的类别及其历史作用等具体问题的研究中，取得了较大的进展，然而由于史料的不足，使许多问题仍难以形成定论。如江陵凤凰山汉墓出土的汉代持锸、持钽奴隶俑和遣策中有关从事农田劳动的大奴大婢的记载，使我们清楚了汉代奴婢并非完全是家务奴隶，他们也是农业生产中的劳动者。这说明秦汉社会的确打下了很深的奴隶制的印记。然而这种生产奴隶是否构成当时农业生产中的主流，他们在全体劳动者中的比重和作用如何，都仍缺乏充分的材料予以说明。

从上述典型事例中不难看出，秦汉史是块"硬骨头"，比较"难啃"。面对这一特点，有志于秦汉史研究的青年同志，应该首先树立高度的使命感和战胜困难的信心。因为只要我们认真、全面、深入地学习和领会马克思主义关于古代社会形态的理论，并结合中国古代社会的实际进行分析、比较和概括，又注意吸收近几十年来中外理论界和历史界、考古界的最新科研成果和研究方法，理论难关的突破是完全可能的。其结果不但会把秦汉史的研究推向更高的水平，也会给整个中国古代史的研究带来深刻的影响。至于史料不足的难题，也是可以逐步解决的。除了进一步从"前四史"为主体的秦汉史籍中再加爬梳外，还应积极开拓史料收集的范围，将经、子、集部诸书中零散的有用资料汇总起来。此外，清人的考订之作，还大有潜力可挖。而更具有重要意义的是，近年来，具有很高学术价值的秦汉考古资料大批出土。除轰动中外的居延和张家山新出土的大批汉简外，最近在西安西汉未央宫遗址中，又出土了一批汉代官府的档案材料。其记载之完整，内容之丰富，世所罕见。估计这种势头还将持续下去，许多沉埋已久的历史真相，必将陆续大白于天下。

因此可以断言，秦汉史研究是大有可为的。

（二）秦汉史研究的目的和意义

从事任何一项事业，都必须首先了解这项事业的重要性，端正工作的目的，才会产生强大的动力，而满怀热情地为之奋斗。研究秦汉史，也是如此。

秦汉时期是封建社会的奠基时期，封建社会的基本特征于此确立。

之所以这样讲，是因为皇权形成于秦汉。从秦始皇自号"皇帝"开始，全国的主要政务由皇帝裁决，中央乃至地方的主要官吏由皇帝任免，全国的军队由皇帝批准调动。皇帝作为封建地主阶级的总代表、封建国家的化身，享有至高无上的权力。而这种权力又是以世袭的形式逐代传递。

之所以这样讲，又是因为秦汉时期分别在中央和地方建立了完备的行政体制。秦朝建立后，中央设"三公九卿制"。所谓"三公"，是由丞相总领百官，助理万机，太尉掌军事，御史大夫掌监察。三者职掌有别，既互相协作，又互相牵制，分别直接向皇帝负责。九卿则分管财政、礼仪、刑法、公共工程、警卫、少数民族等具体国家事务。而地方则实行郡县制。郡设郡守、郡尉、郡监，与中央"三公"

相对应，是上情下达、下情上达的关键一环。县是基层行政机构，皇帝任免官吏，至县而止。其下设乡、亭、里等乡间组织，以直接控制百姓。这一自上而下的庞大官僚体系，虽然随着时代的推移而不断调整，但其基本内容毫无改动。

同时又必须看到，西汉时的豪强已然鱼肉乡里，干扰地方政治。进入东汉，门阀世族的出现，又严重威胁着皇权。因而在中央集权制的形式不断强化的过程中，也一直存在着封建统一局面下的各种形式的封建割据。这一特点，也贯穿封建社会的始终。

之所以这样讲，还因为到了秦汉，封建地主大土地所有制才真正发展起来，成为占有主导地位的土地占有形态，并成为封建中央集权制国家赖以生存的经济基础。秦统一六国后，秦始皇命"黔首自实田"，意味着封建土地私有制的法典化。刘邦于汉初"复故爵田宅"，进一步推动了大土地所有制的发展。文景时期的黄老之治，更使"豪强富人占田逾侈"，终于形成不可遏止之势，并且激化了阶级矛盾，武帝、哀帝、王莽都曾试图限制土地兼并，但均遭到失败。两汉之际，大田庄经济的出现，更标志着大土地所有制的发展进入了新阶段。从此保护和扶植封建地主土地所有制，成为历代封建政权的重要职能。

之所以这样讲，也因为秦始皇以法家为核心，首先实行了封建文化专制主义。从汉武帝开始，又确立了儒学在思想领域里的统治地位。战国时期百家争鸣的学术风气，不复存在。以儒学为主，兼容法家、道家、阴阳五行家等各派学说中有利于专制主义的内容，而形成的新儒教，是整个封建社会文化专制主义的核心组成部分。东汉时佛学的东渐和道教的流播，又成为儒教的重要补充。

之所以这样讲，更因为从第一个统一的封建王朝——秦朝开始，就爆发了中国历史上第一次大规模的农民起义——陈胜、吴广起义。

它标志着地主阶级与农民阶级的矛盾,是封建社会的主要矛盾。秦汉三次农民大起义,都推翻了腐朽的旧王朝,显示了农民阶级的强大威力。他们的英勇斗争,调整了生产关系中不适应生产力发展的因素,推动着社会经济不断朝前发展。证明在中国封建社会里,农民阶级是推动历史前进的重要动力。

毫无疑义,秦汉社会是中国两千年封建社会的诸制之源,是研究中国封建社会史的入门的钥匙,是探索中国封建社会基本矛盾、主要矛盾和发展规律的关键所在。

不仅如此,秦汉时代还是汉民族的形成时期。秦统一天下之后,先秦时期的"华人"和"夷人",一概被称为"秦人"。他们分布在广阔的疆域之内,说着彼此基本可以听懂的语言,过着方式大致相似的生活,有着基本相同的思想意识。一个民族所必须具备的四大因素,秦汉时期的汉民族都已具备。

中华民族是以汉族为主的多民族的大家庭。秦汉时期许多少数民族移居内地,同时大批汉族人民也迁往少数民族地区。在统一的国家中,作出各自积极的贡献。尽管在封建社会中,不可能存在平等的民族关系,征服和被征服是最常见的民族压迫形式。然而,民族间的交往交流交融毕竟是主流。从秦汉开始,凡属中国版图内的诸民族就已不可分割地紧密联系起来,共同创造着灿烂的古代文明。

秦汉时代还是中西文化交流的重大转折时期。张骞凿空西域,开辟了中西交通史的新纪元。中国的丝绸、冶铁技术、水利技术等传入中亚和欧洲,西方的玻璃、呢绒、芝麻、大蒜等和印度的佛教及音乐、舞蹈、艺术等也大批传入中国。同时中国与朝鲜、日本、越南以及东南亚的交往也日益频繁。大规模地吸收外来文化,远距离地传播中国文化,不仅为世界文化的发展作出了卓越的贡献,也使我国古代的文明更加丰富多彩,充满了活力。

因此，秦汉时期也是中国各族人民共同创造的灿烂文化高度发展的时期，是中国古代文明走向世界的伟大时代。秦汉史研究无疑是总结中国古代优秀文化遗产，提高全民族文明程度，振奋民族自信心的重要途径之一。

秦汉史研究具有如此重要的意义，但当今秦汉史研究的水平却与之不相适应。许多重要课题仍悬而未决，许多重要领域还有待于开发，需要更多的有志青年参加到秦汉史研究的队伍中来，为改变秦汉史研究的落后面貌，为繁荣我国的史学，为两个文明的建设而共同奋斗。

（三）秦汉史研究的基本方法

秦汉史研究的方法是多种多样的，每个人都应该根据自己的特点，采用适合于自己条件的治学方法。即使是专家、名人行之有效的方法，不懂得灵活运用，一味刻意去模仿，其结果往往到处碰壁，无功而返。所以方法绝不是可以凭空轻易得到的，只有勇于实践，勤于思考，善于总结的人，才能在学习的过程中，逐步发现它，掌握它，进而自如地运用它。但这绝不是说可以不借鉴和不吸取前人的有益的经验和方法，也绝不是说学习方法是个神秘莫测的和毫无轨迹可寻的东西。总结世代留传下来的宝贵经验，可以使我们少走弯路，更快地进入"角色"，使研究工作迅速打开局面。所以本节只就入门的基本途径，作一个大略的介绍，以供秦汉史爱好者参考。

巧妇难为无米之炊，不熟悉秦汉史料，而侈谈秦汉史研究，必将一事无成。史料是研究的基础和出发点，这是任何史学工作者都必须遵循的基本原则。当然各个不同历史时期的史料各具特点，所以熟悉每个断代史史料的方法也不尽相同。

秦汉史料比较缺乏，这是人所共知的事实。现存史书不过有《史记》《汉书》《后汉书》《三国志》《汉纪》《后汉纪》等十来部。与浩繁的明清文献及档案相比，真有九牛一毛之叹。但是秦汉史料少而精，"前四史"的可信程度，在"二十四史"中首屈一指。由于作者博闻强识，见解高深，诸史所反映的秦汉历史的内容十分广泛。大凡政治、经济、军事、思想文化、民族关系等各个方面的材料，几乎面面俱到。这就给初学秦汉史的人创造了一个有利的条件，即只要把"前四史"读熟读透，秦汉史的主要问题可以基本弄清。已故秦汉史专家陈直先生之所以能完成二百余万字的近十部专著，引起中外秦汉史界的注目和尊敬，一个重要的原因是他从十三岁起，每隔二年便重读一遍《史记》《汉书》，这为他的治学奠定了坚实的基础。当然，完全凭靠"前四史"是很不够的。此外，秦汉诸佚史的辑本也应利用，没有辑本的应该补辑。还需要从经、子、集诸部书中广泛发掘资料，以订补正史的错误和不足。

与秦汉文献资料的缺乏不同，秦汉的考古资料极为丰富，具有很高的史料价值。其中以载有文字的秦汉简牍、汉碑、瓦当玺印封泥最为重要。这类材料的出现，为秦汉史研究开辟了崭新的天地。凡是有成就的秦汉史专家如翦伯赞、陈直等，无不用历史文献与考古资料相互参证，相互发明，融会贯通，以成一家之言。即使是一些极为零星的考古资料，只要利用得法，也有大用处。陈直先生就曾经通过汉晋数十枚少数民族的印玺上的文字，结合有关文献的记载，详细地考证了边境地区少数民族的官制、行政制度、兵制、法律制度及其与中央政权的关系等重要问题，颇发人深思。因此，秦汉考古资料的大批出土，不仅极大地丰富了秦汉的史料宝库，而且对一味在"前四史"上兜圈子的从文献到文献的旧治学方法，来了个大冲击，为艰难跋涉的秦汉史界带来了勃勃生机。从整理史料的角度出发，可以断言，只有坚持文献与考古资料相结合的研究方法，秦汉史研究才有出路。

史料不等于史学，只是掌握了秦汉史料，而不能从中揭示出秦汉社会的本质，总结出秦汉社会发展的规律，那么不管你取得了多大的成就，充其量不过是个"活字典"而已。史学是门阶级性很强的学科，不同阶级的人对历史会作出不同的回答。封建时代、半殖民地半封建时代的旧中国的秦汉史研究，不可避免地带有那些已经没落的阶级的烙印和当时时代的标记，都在一定程度上歪曲了历史的真相。而唯一能彻底改变这一状况的有效武器，只能是马克思主义理论。所以，以马克思主义为指南，解剖秦汉社会，是每个秦汉史研究者必须坚持的一项原则。

但是我们说用马克思主义理论指导研究实践，绝不能重蹈过去形式主义、教条主义的覆辙，更不能搞"四人帮"那套"影射史学"。只能从马克思主义的立场、观点和方法出发，通过对秦汉历史的具体地深入地分析，得出其固有的符合历史实际的结论。同时马克思主义的理论，尤其是关于古代社会的一系列论述，在新的历史条件下，还有待于继续发展和完善。特别是随着科学技术的飞速进步，新的理论和新的研究方法层出不穷。剔除其唯心的、伪科学的成分，吸取其辩证的、合理的因素，不仅不会动摇马克思主义的指导地位，反而会进一步丰富马克思主义的史学理论和研究方法，更有力地推动秦汉史研究的健康发展。

无论是熟悉史料还是学习理论，必须循序渐进，要有计划有目的地逐步进行。

熟悉史料，当然以"前四史"为主。不过在读"前四史"之前，最好先把《资治通鉴》有关秦汉的部分，先细读一遍。"编年详于代"，通过这一步骤，可以使我们对秦汉史有一个轮廓式的了解。然后再通读"前四史",效果会更好。第一遍通读"前四史"可以稍粗一些,以后就要带着问题反复精读,每次突出一个重点,或政治史,或经济史,或军事史,或文化史。这样目的明确,精神集中,材料的收集才能周详,问题的归纳才会准当。与此同时,对其他秦汉文献,陆续抽空浏览。对其中有价值的部分作出卡片和札记,一般的可划标记,以便将来检索。考古资料也应有主次之分,有文字的部分当然是主要整理对象。但不管考古资料的价值高低如何,一般说来,毕竟是局部的、片断的记录,就史料的完整性和重要性而言,仍不能与"前四史"相提并论。考古资料只是"前四史"的重要补充。

掌握理论也绝非一朝一夕之功。首先要学习一些历史唯物主义、社会发展史和政治经济学方面的基本知识。然后通读《马克思恩格斯选集》《列宁选集》和《毛泽东选集》。对于重要的思想专著如《共产党宣言》《资本论》《反杜林论》《家庭、私有制和国家的起源》《社会主义从空想到科学的发展》《自然辩证法》《中国革命和中国共产党》等,以及重要的历史理论著作如《法兰西内战》《路易·波拿巴的雾月十八日》《德国农民战争》等,应该精读。并且要随时将已学到的理论知识,运用于研究工作的实践,不断总结,反复提高,加深理解,方能奏效。

一般来说,在对秦汉史有了一个总体的了解之后,研究课题的确立就迫在眉睫。选题大小要适宜,要结合自己的实际,挑选最能发挥自己特长,又有一定价值,还能在其基础上进一步延伸或扩展的题目,作为研究的突破口。题目一经确定,就要把与该专题有关的史料和前人、今人的研究成果来一个"清仓"。这样既能避免无效的重复劳动,又能及时吸收已有的有益成果,开阔自己的视野,提高研究的起点。而要想做好这一工作,就应该随时注意秦汉史的研究动态和出版信息。还应学点目录学、版本学、校勘学、史学史方面的知识,熟悉基本工具书的使用方法。克服研究的盲目性，提高自觉性，增强主动精神。

由于现今教育制度中分科过细的弊端，造成新一代秦汉史研究者知识单一、视野狭窄的先天缺陷。这对秦汉史研究十分不利。秦汉史研究不能就秦汉史而论秦汉史，而是应该将秦汉史置于中国历史的发展过程中，并置于世界历史的发展过程中去考察，去比较，去总结。所以新一代秦汉史研究者应该以老一辈史学家为榜样，把博古通今、学贯中西作为自己的奋斗目标，调整好博与专的关系。同时还应该掌握一些自然科学的知识和自然科学的研究方法。这样才有助于我们透过秦汉政治生活、社会生活中许多迷信色彩极浓的事物的表面现象，找出其中本质的和规律性的东西，以加深我们对秦汉社会的认识。

最后，随着国际学术交往的日益频繁，秦汉史研究者也应该掌握一门外语，以便及时了解国外有关研究的动态和研究方法，为我所用。

二 秦汉史研究概述

（一）秦汉史研究的历史回顾

1. 封建时代的秦汉史研究

中国古代有着悠久的史学传统。战国时期各国均有史官，大多采用《春秋》编年体的形式，以记录和整理本国的历史资料。秦国当然也不例外。然而秦始皇统一天下后，为了加强中央集权，巩固统一，实行了"焚书坑儒"的文化专制主义的残暴政策。不仅列国的史记均遭焚毁，连秦国的史官也受到冷落。为了神化皇权，严禁私议君上，谥法尚且要废除，当然更不允许史官对皇帝的言行及相关历史作出全面如实的记录。以致司马迁撰作《史记》的秦史部分，在翻阅汉政府所存秦代文书档案（以萧何入咸阳后及时收取的秦政府律令图书为主）时，也苦于资料缺乏，只能作出大略的描述。

西汉政权建立初期，为了巩固统治，总结秦亡的历史教训，成为朝野十分瞩目的问题。史学研究重新受到重视，优秀的史学传统再次得到恢复。陆贾撰写的《新语》和《楚汉春秋》，成为刘邦案头的常备读物，揭开了秦汉当代史写作的序幕。贾谊的《过秦论》，言三代与秦治乱之由，借古论今，直指时弊，续开秦汉史论之先河。随着经济、政治、文化的迅速发展，武帝时期，中国封建社会进入了繁荣发展的阶段。伟大的时代，客观的需要，个人的天才，造就了杰出的史学家司马迁，也诞生了我国历史上第一部纪传体通史《史记》。司马迁以渊博的学识，敏锐的洞察力，秉正不阿的直书精神，严肃认真的求实态度，总结了上古传说时代至汉武帝时的漫长历史，以厚今薄古的特点反映出当时秦汉史研究的最高水平，为我们留下了十分丰富和可靠的秦汉史料。

东汉时期，史学又取得了很大的发展。政府对史学的控制较前代加强。汉明帝一方面支持班固写作《汉书》，以树立封建正统史学的典范；另一方面又组织文臣撰述光武朝事迹，首开官修当代史之例。此后，安帝、桓帝、灵帝陆续下令续修，形成一部与东汉王朝几乎相始终的东汉正史——《东观汉记》，并成为范晔《后汉书》及其他诸家《后汉书》之源。这一举动，助长了研史的风气。鉴于东汉初封建礼仪制度和官僚制度基本定型，于是产生无名氏《汉官》、王隆撰胡广注《汉官解诂》、卫宏《汉旧仪》、应劭《汉官仪》、蔡质《汉官典职仪式选用》和丁孚《汉仪》等一批专史。又随着世家大族的兴起，写作家传、别传、耆旧传、先贤传之风大盛。也在一定程度上丰富了史料宝库。更值得注意的是，专为《史记》《汉书》而作的诠释性史注开始问世，为《史》《汉》二书的传播创造了有利的条件。以后刘宋裴骃、唐张守节、司马贞的《史记》三家注，唐颜师古的《汉书》注和唐李贤的《后汉书》注，就是在汉人之注的基础上，兼采刘宋裴松之《三国志》注、梁刘昭《续汉书》注的考史、补史之长，形成综合性的新史注体，成为我们研究秦汉史籍不可或缺的参考资料。

总之，可以这样说，秦汉史的主要史书基本奠定于秦汉当代。

宋代秦汉史研究从唐人以注史为主的局限中摆脱出来，在考据、辨伪等方面取得了较大的进展。

二 秦汉史研究概述

考据的形式可以追溯到汉代，但专以历史考据为书，并取得较大成就，则在宋代。比较突出的有关秦汉史的考据之作，当推王应麟的《困学纪闻》。王氏不仅对《史记》《汉书》《后汉书》《东观汉记》《四民月令》等作了考订，还设有《汉河渠考》《历代田制考》《历代漕运考》《两汉崇儒考》等专目，对秦汉有关制度作了初步探讨。他还编有《汉制考》一书，将《周礼》《仪礼》《礼记》《诗》《书》《论语》《孟子》《春秋公羊传》等八经的汉人注疏和《国语》注、《说文》里的有关汉制的资料，全部汇集起来，为他进一步考订作了准备。王氏虽未能毕其役，但为我们提供了资料的方便。又洪适的《隶释》《隶续》，汇集汉碑百数十种，全录碑文，并结合历史文献，详加考辨，是以考古资料订补正史的早期杰出范例。

辨伪之风也兴起于汉代，如《汉书·艺文志》即指出《黄帝说》四十篇是"迂诞依托"之书。王充《论衡》中也有《书虚》《儒增》等篇，以考订伪书、伪说。到了宋代，辨伪涉及经、史、子、集四部之书，如陈振孙《直斋书录解题》、晁公武《郡斋读书志》都指出了不少伪书，其中就包括《西京杂记》《汉武故事》等有关秦汉历史的书籍，成为我们了解秦汉典籍存佚状况和作伪由来的重要参考书。

宋代印书业十分发达，书籍的校勘工作也引起重视，出现了一大批经过精心校勘的秦汉典籍佳本。这项工作，既增广了秦汉史籍的流布，也促进了秦汉史研究的开展。当时优秀的校勘专书主要是刘攽的《两汉书刊误》。

此外，徐天麟的《两汉会要》集秦汉典章制度的资料于一炉，分类编排，为研究者提供了很大的便利。

明代秦汉史研究转入低潮，但李贽异军突起，所著《藏书》《焚书》等，不以孔子是非为是非，而以"颠倒千万世之是非"为己任，论辩锋芒所向，涉及许多秦汉历史人物和历史事件。如他赞陈胜"匹夫首倡""古所未有",将其写入"世纪",与历代帝王同列。又称秦始皇为"千古一帝",颂扬他统一天下的勋业。在封建社会秦汉史评中,李贽独树一帜,为我们留下了极为珍贵的精神财富。

清代朴学大兴,从文献学的角度来看,取得了大面积的丰收。在考订方面,明末清初顾炎武的《日知录》首开其端。继起的名作有钱大昕的《廿二史考异》、王鸣盛的《十七史商榷》、赵翼的《廿二史劄记》、王念孙的《读书杂志》、梁玉绳的《史记志疑》、惠栋的《后汉书补注》。殿后以王先谦的《汉书补注》和《后汉书集解》两部集大成的汇考之作。辨伪方面的名篇是崔适《史记探源》、姚际恒《古今伪书考》。辑佚的佳作则有姚之骃《后汉书补逸》、汪文台《七家后汉书》、四库馆臣辑《东观汉记》等。对"前四史"中已有的或所缺的志表,清人也作了大量的补订工作。如夏燮《校汉书八表》、万斯同《汉将相大臣年表》、万斯同和钱大昭所补后汉诸表、姚振宗所补《后汉艺文志》,都是其中的佼佼者。此外,严可均又编集《全秦文》《全汉文》《全后汉文》、杜文澜辑《古谣谚》,都汇集了不少有用的秦汉史料。

综上所述,封建时代的秦汉史研究主要是作了以下三方面的工作:一是提供了秦汉的基本史料;二是提供了一批优秀的版本;三是作了大量的文献考订、辨伪、增补、辑佚和选编等整理工作。尽管以上工作基本局限于史料编纂整理的范围,称不上严格意义的历史学研究,但为我们研究秦汉史奠定了良好的资料基础。

2. 1911年至1949年的秦汉史研究概述

辛亥革命以后,随着西方资产阶级史学理论和研究方法的传入,中国资产阶级新史学进入了开创的时代。王国维就是其中著名的先驱者。他立基于旧学的城垒,深受封建思想的熏陶,在感情上与旧世界始终难舍难分。但在方法论上，却毫不犹豫地突破乾嘉史学的束缚，接受了近代研究学问的方式，把地下文物和历史文献有机地结合起来，对古代社会的各方面问题，开展了卓有成效的探索，取得了一系列丰硕的成果。虽然他主攻先秦史，但也热心于秦汉史研究，尤其是他用自己首创的"二重证据法"（即以纸上材料与地下材料相印证），对流沙坠简作了精辟的考证，为秦汉史研究闯出了一条不同于旧学的新路，其影响是十分深远的。陈直先生即深受王氏治学方法的启发，以私淑弟子自居，将王氏的实证方法发扬光大，终于在秦汉史领域中取得了出色的成就。

随着流沙坠简的出土和王国维实证法的倡导，汉简的发掘和整理研究工作进一步展开。对此，夏鼐、黄文弼、马衡、贺昌群、劳榦等学者都不同程度地作出了贡献。其中劳榦将研究20世纪30年代出土的居延汉简作为毕生事业来看待，历时30年，完成了巨著《居延汉简考释》（包括释文之部、考证之部、图版之部、图版考释之部四部分）。同时他还写出了大量的研究论文，70年代出版的《劳榦学术论文集》，收入了这一时期发表的大部分精心之作，代表了当时汉简研究的一流水平，至今仍有较高的参考价值。

"五四"新文化运动给早期资产阶级史学带来了新的冲击。打倒陈腐的旧观念，提倡思想革新，形成风气。在这种潮流的影响下，以顾颉刚为首的"古史辨"派在资产阶级史学营垒中崛起。顾颉刚以"疑经"为特色，从事古史辨伪的研究，一要推翻伪史，二要明了真史。他提出"层累地造成的中国古史"的命题，对先秦至两汉的史书上的有关记载进行了清算，揭穿了经书伪造历史的老底，为在史学界推倒偶像，解放思想，发挥了积极的影响。在此期间，顾颉刚撰写了《五德终始说下的政治和历史》一文（后经过改写，以《汉代学术史略》为名出版。1949年后再经修订，定名为《秦汉的方士和儒生》

发表），是自成一家的秦汉思想史名篇。尽管书中存在这样那样的不足，但他提倡用演进变化的观点看待历史传说，确实剥去了罩在秦汉史上的神秘化的伪装，比较清晰地显露出秦汉历史的本来面目。

五四运动的爆发，还给中国带来了马克思主义学说。于是以马克思主义为武器，创立无产阶级史学的新体系，成为当时进步学者共同努力的目标。郭沫若就是我国最早接受马克思主义的学者之一。他还以王国维、罗振玉的治学方法为基点，创造性地把古文字学、古器物学和古史研究紧密地结合起来，开辟了史学研究的新天地。在学习马克思主义有关古代社会理论的基础上，郭沫若对中国古代社会形态进行了深入的研讨，几经反复，终于在20世纪40年代提出春秋战国时期是我国由奴隶制向封建制的过渡时期，秦末农民大起义是这一过渡的最后完成。战国封建说的确立，影响巨大，1949年后已经成为我国史学界最为流行的学说，也是秦汉史研究的重要出发点之一。

与郭沫若同时，翦伯赞也开始把马克思主义理论运用于历史研究的实践，他支持吕振羽的殷代奴隶社会说和西周封建说的观点。并以此为基础，将大部分精力集中用来从事秦汉史研究。1946年，《中国史纲》第二卷（今改名为《秦汉史》）问世。这是我国第一部用马克思主义学说剖析秦汉历史的专著。该书具有许多重要的特点：第一，观点鲜明，体系科学。以历史唯物主义为指导，着力于政治制度、经济基础和阶级关系等方面的探讨，很有创见。第二，重视少数民族在中国历史中的地位和作用，用事实有力地批判了旧史学中的大汉族主义历史观。第三，史料开掘深广，除重点利用"前四史"外，还收集了《东观汉记》《七家后汉书》等佚史辑本和经、子、集部书中的有用资料。同时大量利用了出土的简牍、汉画像、碑刻、封泥等考古资料，使本书的内容丰富多彩。第四，能运用中外历史比较法，将秦汉史置于世界史的发展进程中去考察，使秦汉帝国的特点更为突出。此书至今仍具有较高的学术价值。

从抗战时期开始，不少资产阶级学者在民族危亡的紧急关头，表现出明显的爱国热情和进步倾向。吕思勉就是其中比较突出的一个。在严酷现实斗争的教育下，他开始对马克思主义唯物史观产生了兴趣，并试图将其运用到史学研究中去，尽管很不成熟，已在秦汉史研究中取得了一定的成绩。1947年他出版了60万字的《秦汉史》。这部专著依据正史，突破常规，制定新体。上半部按时间次第，叙述秦汉政治史，涉及王朝的兴衰过程，各次重大历史事件的前因后果，不同时期政策的功过得失，以及王朝与诸周边少数民族的关系等问题。后半部则分别对秦汉社会组织、社会等级、人民生计、各种实业、人民生活、政治制度、学术文化、宗教信仰等八个专题，进行深入的探讨。全书结构严谨，选材精当，见解精辟。但是，由于吕思勉并未摆脱资产阶级史学观的羁绊，所以主要观点还是比较陈旧的，材料上又没有利用考古资料，缺点也是十分明显的。然而在当时资产阶级学者发表的秦汉史著作中，仍是少有的佳作，即使在当前也有较高的参考价值。

最后要提的是马非百，他毕生致力于秦史研究，1949年前已发表的有《秦史纲要》和《秦始皇帝集传》。从1928年起，他就开始了《秦集史》的写作，以补二十四史中无《秦史》之缺。五十年来，他孜孜不倦，努力创作，终于在1980年将此书公之于世。马非百的研究特点是以资料丰富取胜，但并未脱离旧史学的窠臼，所以影响了他取得更大的成就。不过他的著作可以省却读者翻检之劳，在秦史资料比较零散的情况下，格外可贵。

总而言之，在这一时期里，马克思主义开始在秦汉史研究中扎下了根，并在斗争中不断丰富完善，为新中国成立后秦汉史研究的正常开展，开辟了道路。资产阶级史学队伍中的开明之士，顺应历史潮流，也进行了不少有益的探索，其成功经验值得我们吸取。无论在科学理论方面，还是在史学方法方面，该时期的秦汉史研究的主流起到了承上启下的桥梁作用，其历史功绩永远值得我们纪念和继续发扬光大。

3. 1949 年以来秦汉史研究综述

1949 年之后的 30 余年里，秦汉史研究取得了很大的成绩，但也经历了艰难曲折的发展历程。

中华人民共和国的成立，为濒临绝境的旧史学界带来了勃勃生机。努力学习马克思主义理论，自觉运用于中国古史的研究实际，蔚然成风。20 世纪 50 年代，史学界主要围绕中国古代史分期、封建土地所有制形式、农民战争及其历史作用、关于历史人物评价、中国资本主义萌芽等问题，展开了热烈的讨论。而对于秦汉史研究者来说，中国古史分期问题的争鸣，尤其引人注目。因为与该问题相联系，人们将讨论的范围迅速扩大，涉及商鞅变法的性质和作用、汉代生产力的水平、两汉官私奴婢的社会地位和历史作用、秦汉社会的主导生产关系、秦汉国家的政权性质、"重农抑商"政策的评价、秦汉社会的阶级矛盾和农民战争等一系列重大课题。无论是郭沫若为首的战国封建说、范文澜和翦伯赞为首的西周封建说、尚钺为首的魏晋封建说，还是侯外庐为首的秦汉之际封建说、周谷城主张的东汉封建说，都分别对上述问题作出大量的阐述，呈现一派百家争鸣的可喜景象。在此期间，尚钺主编的《中国历史纲要》和范文澜主编的《中国通史简编》（修订本）率先问世。至 60 年代初期，郭沫若主编的《中国史稿》和翦伯赞主编的《中国史纲要》也以大学教材形式相继出版。在关于秦汉史的章节中，都较为系统全面地总结了各自的观点，至今仍发挥着重要影响。这一争论，活跃了思想，深化了研究，也促进了学习马克思主义理论的积极性，带动秦汉史研究朝着正确的方向健康发展。

不仅如此，当时还涌现出一批富有特色的秦汉史专著，如何兹全的《秦汉史略》、杨翼骧的《秦汉史纲要》、李剑农的《先秦两汉经济史稿》、陈直的《两汉经济史料论丛》和《汉书新证》、漆侠的《秦汉农民战争史》、安作璋的《两汉与西域关系史》等。尽管诸书或在理论运用上尚嫌幼稚，缺乏深度；或在史论结合上还不够贴切，略显生硬；或在史料的开掘上不够开阔。但是，崭新的学术探索，严谨的治学精神，敏锐的洞察力和流畅的文风，确实代表了当时秦汉史研究的上乘水平，为秦汉史苑增添了异彩。

然而，从50年代末期起，由于众所周知的原因，极"左"思潮开始抬头。以论代史、教条主义、简单化、绝对化、非历史主义倾向和轻视史料的倾向，愈来愈严重。其中中青年学者受害尤深，使正常的研究工作出现停滞甚至倒退的现象。为此，正直的史学工作者无不深深为之忧愤。不少学者知难而进，试图挽回局势。如翦伯赞先后发表《关于打破王朝体系问题》《对处理若干历史问题的初步意见》《目前史学研究中存在的几个问题》《关于历史教学和研究的几个问题》等一系列文章，主张阶级观点与历史主义的统一观，反对主观主义、虚无主义、形而上学的错误倾向；主张史论结合，反对空谈理论而忽视史料积累的错误倾向。他还明确提出，在历史教学和研究中，要抓好基本理论、基本知识和基本技能训练的建议，以力纠时弊。他不仅仗义执言，而且身体力行。由于他能自觉认真地以历史唯物主义基本原理为指导，又在熟读秦汉文献的基础上，精心搜集编撰了《秦汉考古资料汇编》，所以在《中国史纲要》第一册秦汉部分的写作中，得心应手，精说迭出，至今仍不失为具有代表性的一家之言。

"文革"中，极"左"思潮达到了顶峰。历史研究被所谓儒法斗争史所替代，成为"四人帮"篡党夺权的重要舆论工具之一。而秦汉史因其特殊而重要的历史地位，成为重灾区。"四人帮"御用文人炮制的重磅炸弹中，如《秦王朝建立过程中复辟与反复辟的斗争》（罗思鼎）、《论陈胜吴广农民大起义的历史功勋》（梁效）、《论秦汉之际的阶级斗争》（罗思鼎）和《秦末农民战争和"文景之治"》（洪广思）等，都是在秦汉史领域中爆炸开来，流毒于整个史学界，乃至于全社会。"四人帮"还大搞顺我者昌，逆我者亡，迫害正直的知识分子。如翦伯赞就是因为坚持原则，不甘屈从，惨遭迫害，而含冤去世。于是秦汉社会的历史真相遭到严重的歪曲，秦汉史研究的队伍遭到严重的摧残，以史论结合为其特色的秦汉史研究的正常进程被粗暴截断。

"四人帮"垮台后，林甘泉《论秦始皇》、刘泽华和王连升《论秦始皇的是非功过》、邓经元《怎样评价吕后》等文章，率先批判"四人帮"的"影射史学"，为在秦汉史研究中拨乱反正，肃清流毒，作出了积极的贡献。党的十一届三中全会以后，广大秦汉史研究者坚持史论结合的科学研究方法，坚持文献资料与考古资料相结合的研究途径，积极吸取自然科学研究的有益经验，有选择地借鉴外来的新研究方法和手段，不断开拓新领域，使秦汉史研究呈现出空前繁荣的局面。

据不完全统计，1912年至1976年的60余年间，发表的秦汉史专著（包括秦汉文献和考古资料的整理研究之作，下同）不过40余种，而1980年以后的短短六七年间，出版著作竟多达百余部。其中《秦史稿》（林剑鸣）、《秦汉赋役制度考略》《秦汉货币史稿》（钱剑夫）、《秦汉官制史稿》（安作璋、熊铁基）、《秦汉封国食邑赐爵制》（柳春藩）、《秦汉社会文明》（林剑鸣、余华青、周天游、黄留珠）、《秦汉文化史》（韩养民）、《秦律通论》（栗劲）、《西汉人口地理》（葛剑雄）、《司马迁评传》（肖黎）、《王莽传》（孟祥才）、《秦汉史论集》、《云梦秦简初探》（高敏）、《秦汉问题研究》（张传玺）、《居延汉简研究》（陈直）等著作，无论是内容还是方法，无论是选题还是文风，都有较大的突破，填补了许多领域研究的空白，在国内外产生较大的影响。又如秦汉史论文，1981年以前，每年一般不足百篇。但到1982年，全年发表论文已达200多篇。以后每年都有较大幅度的增加，至1986年竟超过500篇。同时质量也有较大的提高。

回顾20世纪80年代的成就，归纳起来，秦汉史研究发生了以下几个重要变化：

第一，旧的重大课题在新形势下，取得了较大的进展。为了在宏观上实现突破，首先在微观上下大功夫，成为秦汉史研究中的突出现象。如由探讨封建专制主义中央集权制引起，大家对秦汉具体的典章制度进行了大量的研究，尤其在官制、赋役制度、法律制度等方面，取得重大进展。又如对两汉客民、客及奴婢的具体分析，对解决两汉社会性质大有裨益。

第二，新的研究领域不断开拓。在80年代以前被忽视的家族史、生活史、宗教史、风俗史、人口地理等文化史、社会史方面的研究课题，引起愈来愈大的兴趣，并涌现出一批有分量的专著和论文。

第三，史论结合更趋成熟，教条主义、形而上学、简单化、现代化的倾向得到较大的克服。坚持历史地、客观地、冷静地分析，摒弃先入为主的、盲从的、主观的臆测，成为大家自觉遵循的基本原则。同时，对外来新理论、新方法的学习方兴未艾，在实践中也取得了初步的成果。

第四，随着云梦秦简、新居延汉简、马王堆帛书、江陵汉简、武威汉简等重大考古资料的出土，使陈直先生一贯倡导的把文献资料与考古资料结合起来的研究方法，已成为普遍采用的研究手段。

第五，中国秦汉史研究会的成立，和《秦汉史研究会通讯》《秦汉史论丛》《秦汉史译文集》的出版，改变了过去分散作战互不通气的落后局面，初步形成了一个有机的学术网络。会员们相互切磋，交流心得，取长补短，促进协作，使研究工作更加富有成效。在300多名会员中，中青年占有绝大多数，不少人著述斐然，使研究会呈现出一派朝气蓬勃的气象。

当然，存在的问题也是不少的，主要是对理论探讨下的功夫仍不大。一方面对发展马克思主义原理重视不够，另一方面接受外来新思想和新方法大多生吞活剥，吸收消化较差，而又缺乏二者间的交融，所以在探索更合理更科学的理论方法上步履蹒跚，起色不大。

其次，宏观研究相对较少。在一些热门课题如中国封建社会长期停滞论、中国封建专制主义中央集权制的特点、儒家传统文化的评价、中国封建经济结构的特点等问题的讨论中，高层次的论文寥若晨星。

再次，由于许多重大秦汉考古资料，迟迟未能向学术界彻底公布，对报上偶而发表的有关研究文章和介绍性文章，因其或自说自评，无实据复查；或蜻蜓点水，轻描淡写；或藏头缩尾，言辞往往不着边际，而使史学界难以作出相应判断，在很大程度上延误了有关研究课题的解决进程。尤其在人才青黄不接的情况下，可能使某些可以迅速解决许多疑难问题的专家错过良机，遗恨终身，给事业带来难以挽回的影响。在科学研究飞速发展的现代社会，仍有一些人抱着小生产者式的自私心理，沉醉于个体封闭的手工操作式的研究方式，不思改进。这种不正常状况应该引起全体学术界的高度重视，并制定相应的文化法规予以纠正。

总而言之，成绩辉煌，问题不少，前途光明。相信秦汉史研究者同心同德，再接再厉，取得重大突破的时刻，必为期不远。

（二）新中国成立以来秦汉史专题研究成果简介

新中国成立以来，秦汉史研究取得了很大的成绩。现限于篇幅，仅就其中一些重大问题的研究状况，作扼要的介绍。

1. 秦汉社会性质问题

关于中国古史分期的各种学说派别不下七八家，但就秦汉社会性质问题展开激烈辩论的，主要是战国封建说和魏晋封建说两大家。

从新中国成立初期至 20 世纪 60 年代初，为第一次讨论高潮。

主张汉代是奴隶社会的魏晋封建论者的主要观点是：

第一，两汉时期是以生产剩余价值为目的的发展的奴隶制社会。奴隶可以自由买卖，官私奴婢的数量很大，奴隶劳动不仅在工商业中占有支配地位，而且在农业生产中也起主导作用。奴隶主、商人、高利贷者三位一体，操纵着社会生产。

第二，汉代虽然存在一定数量的租佃制和为数众多的自耕农小土地所有制，但不是起决定性作用的生产方式。由于奴隶主、商人、高利贷者的兼并和盘剥，加上专制主义国家的赋役负担的沉重压力，自耕农日益破产，大批转化为债务奴隶。

第三，西汉"重农抑商"政策和武帝打击工商大贾的行动，是贵族奴隶主和商人奴隶主之间的斗争。

而战国封建论者主张汉代是封建社会，其主要观点则是：

第一，汉代租佃制是十分普及并占有支配地位的生产方式和剥削方式。这种租佃关系排挤了奴隶劳动，而基本上不受奴隶劳动所排挤，因而具有封建制的性质。

第二，汉代的主要劳动者是农民，而不是奴隶。小农破产后，变为奴隶的是少数，主要沦为佃户或流民。这说明制约小农经济的是地主土地所有制为基础的封建生产关系。

第三，两汉社会的主要矛盾是农民阶级与地主阶级的对抗，而不是奴隶主与奴隶的对抗。农民起义和农民战争是秦汉阶级斗争的主要形式，说明汉代社会的主导经济是封建地主经济，而不是奴隶经济。

第四，汉代的"重农抑商"政策是封建国家消灭奴隶制残余的一种措施。

当然就具体问题而言，不仅争论双方的意见大相径庭，除去大原则外，就是同一派别的学者间，也存在着不同的认识。另外主张西周封建说的部分学者也参与了争论，其意见与战国说比较接近，但也有一定的分歧。下面就讨论所涉及的一系列具体问题的不同见解，分别予以说明。

（1）商鞅变法的性质和作用

郭沫若在《十批判书》和《奴隶制时代》两书中指出：战国时期的变法，都是封建制的一种变革。商鞅行之于秦的一套，差不多也是吴起行之于楚的一套。他们都从李悝《法经》中吸取营养。而《法经》不仅是战国诸国法律的集大成之作，也是秦汉以后历代法律的基础。封建社会保卫私有财产和国家机构的精神，就是脱胎于此。与此相反，罗祖基在《春秋战国的变革标志着奴隶制瓦解封建制确立吗？》[1]一文中，认为商鞅变法并没有废除奴隶制度，而是保存了奴隶制度，促进了奴隶的使用和买卖。变法的作用是彻底废除公有制残

---

[1] 载《学术月刊》1957年第5期。又，凡书后《秦汉史论文索引》中已载之论文，一般不注出处。

余,进而促进奴隶使用制度。叶玉华则反驳说:世界上任何部族最早的成文法,都是在公有制转化为私有制以后写成的。商鞅变法并不能说明秦国公有制转化为私有制,倒是说明此前公有制早已转变为私有制。变法破坏井田,是在私有制已经产生的基础上,拟定发展小农经济的法令,导致了封建制的成长。①

(2) 对汉代生产力水平的估计

杨伟立、魏君弟在《汉代是奴隶社会还是封建社会?》一文中,以斯大林《辩证唯物主义和历史唯物主义》中关于封建社会生产力特征的描述依据,通过对西汉铁器、纺织、陶器等手工业部门和农业生产水平的分析,提出汉代的生产力水平已发展到封建社会阶段的结论。王思治则针锋相对地指出:"耒"是西汉时期农业生产中普遍使用的工具,"蹠耒"是常见的劳动形式。汉代的冶铁业还停留在"鼓囊以炭"的水平上,只能生产生铁,所制农具脆弱,难以普及。牛耕也不普遍,多人"挽犁"是主要形式,这正适合奴隶集体耕作。而南方广大地区仍然处于"火耕而水耨"的落后生产阶段。所以汉代农业生产水平低下,只能说明汉代是奴隶社会。② 对此,胡珠生利用大量出土的汉代铁制农具,认为耒已是次要的生产工具。之所以汉代记载中"耒耜"较为常见,是因为"耒"是一般农具的泛称。蹠耒不过十亩的落后耕作方式,与汉代每人可耕二三十亩的能力不相适应,所以汉中期以后在记载中不复存在。③ 戎笙则认为西汉中叶以后,东到渤海,西到河西,南至长江,北到长城,都已普遍使用牛耕。上述地区约占西汉人口总数的百分

---

① 见《商鞅变法与西方秦国以及秦汉统一帝国封建制的成长》,《历史教学》1957年第12期。
② 见《再论汉代是奴隶社会》。
③ 见《汉代奴隶制说的根本缺陷在哪里?》。

之九十五以上。"火耕水耨""蹠耒而耕"的地区，其居民不及人口总数的百分之五。① 又林端焰和赵承泽都认为"炭"即是"煤"，并且已用于冶铁，所以汉代铁农具质量较高。②

（3）两汉官私奴婢的数量、来源和待遇

翦伯赞在《关于两汉的官私奴婢问题》一文中指出：两汉奴婢的最高数字不过十余万人，占全国人口的五百分之一。个别官僚豪富拥有成百上千的奴婢，被视为奢淫过制，要受政府的限制。当时奴婢的来源不是外族战俘，而是本族的罪犯和贫穷农民，与奴隶社会奴婢以战俘为主不同。同时汉代奴婢中包括原为贵族身份的人，而奴婢有的也可成为大将军和皇后（卫青、卫夫人），这也是奴隶社会中所不可能的。两汉的奴婢还不能任意虐杀，秦时需先报官。汉时擅杀要受夺爵、罢官、抵命的处分。武帝时董仲舒曾提出禁止私杀奴婢的建议。光武帝时，又颁布了禁杀奴婢的命诏。奴婢的地位也与奴隶社会不同。

而日知、胡钟达则认为奴婢数量的多少不是决定社会性质的主要因素。因为希腊、罗马等发达的奴隶社会中，奴隶数量要超过全国人口的一半，也很难办到。③ 童书业认为汉代奴隶是大量存在的，甚至推算出汉代奴婢有一千几百万人，约占总人口的百分之二十五。④

王思治等《关于两汉社会性质问题的探讨》一文认为，中国以债务奴隶为主要来源，战俘居次，正是古代中国奴隶社会不能进入发达

---

① 见《说西汉牛耕的普遍使用及其在农业生产上的重要作用》，《光明日报》1958年2月3日。

② 林文见《关于汉代生产力发展的水平问题》，《光明日报》1956年12月6日。赵文见《关于西汉用煤的问题》，《光明日报》1957年2月14日。

③ 日知《我们在研究古史中所存在的一些问题》一文，《历史研究》1956年第12期。胡钟达《关于奴隶社会中的奴隶数目问题》，《光明日报》1956年8月2日。

④ 见《中国古史分期问题的讨论》，《文史哲》1955年第1期。

奴隶制的重要原因。但汉代对匈奴的战争，获得奴隶和牲畜，仍是战争的目的之一。边徼也有掠取奴隶和防止奴隶逃亡的作用。又指出董仲舒的建议和光武帝的诏命的出现，正说明当时虐杀奴婢是普遍的现象。但是李鼎芳和陈恒力都反驳说：建议和诏命指出虐杀奴婢，"逆天性，悖人伦，谬于天地之性人为贵之义"。这种观念只有在封建社会才能产生。①

（4）奴隶制生产关系在农业和工商业中的地位和比重

关于奴隶是否是汉代农业生产的主要担当者？翦伯赞认为这种情况是个别的例子，从事家务劳动才是最常见的形式。奴婢是被当作消费的财产，而不是作为一种生产的投资出现的。王思治等则主要以武帝治缗钱，没收奴婢和田地为例，指出如果没收的"千万数"奴婢，不是生产奴隶，会给政府增加负担。没入田地后，既然归各地农官管理，则没入的奴婢主要也应是给农官去耕地的劳动力。"奴婢"与"田"并提，正说明了这一点。而陈恒力、杨伟立则反驳说：这些奴婢并非皆入农官，主要是用于"分诸苑养狗马禽兽"，其余或给各级官僚做家奴，或分派搞运输和修河道。而政府没入的田地，连同原有的公田，一起租给贫农耕种或由士卒屯田。所谓各置农官，是设立专门办理收取假税的机构，不是经营土地的"奴隶总管"。

关于奴隶在工商业中的使用情况。翦伯赞认为工商业中的奴隶劳动也是少数的、偶然的，甚至是"反常"的现象。郭沫若在《奴隶制时代》一书中则指出，奴隶用于农业劳动者少，而用于采铜铸铁、畜牛牧马、手技工业者多。而王思治等一致认为奴婢在官私手工业和商业中是被广泛使用的。大量使用奴隶的发达的工商业是汉代为奴隶社

---

① 李文见《对关于两汉社会性质问题的探讨一文中所引史记两汉书的解释的意见》，载《历史研究》1956年第7期。陈文见《两汉官私奴婢研究》。

会的主要标志之一。在此问题上,"徒"成为争论的一个焦点。针对魏晋封建论者强调汉代的铁官徒和从事各项土木工程的刑徒都是奴隶的观点,黄烈认为刑徒和奴隶在性质上有很大的不同。奴隶是主人的私有财产,有身价,可以买卖,甚至可以杀戮。不仅奴隶本人奴籍终身,连子孙也将世代为奴。徒则在刑满后,或通过大赦、徙边、赎罪等方式,重新恢复庶民身份。一些罚为徒的官吏,除刑后有的还可以恢复官职。所以不能把"徒"作为奴隶劳动来看待。①

(5) 汉代社会占主导地位的生产关系是什么

郭沫若在《奴隶制时代》一书中提出,汉代生产方式的主流已经不是奴隶制而是封建制。"或耕豪民之田,见税十五"的封建租佃制,是秦汉农业中的一贯的生产方式。西汉全部的社会经济状况,可用"蹛财役贫""分田劫假"八个字来概括。黄烈还进一步指出,西汉租佃制不仅在内地占主导地位,在西北边境地区也相当普遍。那里公田租率为百分之二十五至百分之四十不等,比内地略低。而日知则认为汉代经济大体上有商人奴隶主经济、贵族奴隶主经济和小所有者经济三种类型。商人奴隶主利用奴隶劳动进行商品生产,"以末致富,用本守之",兼有奴隶主和地主的双重身份。"见税十五"和"分田劫假"的剥削方式,正是商人奴隶主土地兼并的结果,不是普遍的现象,不应夸大其意义。贵族奴隶主经济中的租赋部分,主要来自对农民的剥削,和奴隶制无直接的关系。这一特点自古已然。小所有者经济中,中等以上农民也有奴隶制剥削。人数众多的农民的存在,对奴隶制社会性质并无妨害。只有商人奴隶主经济才是表明汉代存在奴隶制的决定性因素。②

---

① 见《释汉简中有关汉代社会性质诸例》。
② 见《从重农抑商的传统说到汉代政权的本质》,《人民日报》1957年2月25日。

(6) 从秦汉的阶级斗争和政府的"重农抑商"政策看汉代国家政权的性质

何兹全《关于中国古代社会的几个问题》认为，战国至秦汉几百年的历史，可以归纳为这样一个斗争过程的发展中，即大土地所有制和自耕农小土地所有制的斗争过程和商业发展、土地集中、小农沦为奴隶过程的历史。[①] 张恒寿《试论两汉时代的社会性质》则尖锐地反驳说：既然魏晋封建论者承认汉代小生产者人数众多，奴隶和奴隶主的对抗没有上升到第一位，大规模的起义是农业小生产者对皇帝贵戚大土地所有者的斗争，就可以得出汉代的主导经济是地主经济而不是奴隶经济的结论，就可以根据直接的社会斗争、社会现象，说明汉代社会性质和社会问题；就可以从农民受苛重的徭役、田租等剥削而变为流民的具体情况上，说明革命爆发的原因，而不必绕许多曲折的路径，把农民问题套在沦为债务奴隶的公式内，说成是反奴隶主的斗争。

又郭沫若在《汉代政权严重打击奴隶主》一文中指出：汉代政权对工商业者的打击，是封建国家要消灭奴隶制残余的一种措施，说明汉代已经不是奴隶社会，而是封建社会。而日知则认为重农抑商是奴隶制固有的现象。"重农"是因为小农是奴隶制国家依靠的基本军事力量；"轻商"是因为商人身份低贱。这是奴隶主内部不同集团的相互斗争的表现。

上述论争主要偏重于社会经济方面的论述，而对当时社会的阶级矛盾、上层建筑和意识形态等方面的探讨，显得较为薄弱。虽然取得的成绩是巨大的，但问题的讨论刚刚展开，已接触的问题在理论探讨的深度上，典型史料尤其是考古资料的发掘和利用上，以及史论结合

[①] 见《关于中国古代社会的几个问题》，《文史哲》1956 年第 8 期。

的贴切程度上，都存在程度不同的缺陷。中外历史比较也过于呆板和生硬，对各自的特点和背景理解不深。因此这一问题远远没有解决，尚需作出努力。

1978年11月，长春召开古史分期问题学术讨论会，又掀起了第二次辩论高潮。最初发表的文章主要还是阐述各自旧有的观点，缺乏新的突破。1981年马克尧发表《罗马与汉代奴隶制的比较研究》一文，以中西比较法论证汉代是奴隶社会，引出了一系列论辩文章。沈长云《汉代是奴隶社会吗?》和李大生《汉代奴隶社会说质疑》都认为汉代奴隶的来源、数量和法律地位均与罗马的奴隶不同。汉代的自耕农也不同于奴隶社会的平民。汉代不是商品和商人控制下的社会，而是没有脱离自然经济轨道的社会。因此将汉代与罗马相比较是不恰当的。蔡葵《试论秦汉时期的生产奴隶》又认为，汉代社会留有大批奴隶，又有相当数量的人从事生产劳动，但非生产奴隶仍占多数。这说明汉代奴隶制残余的严重性，却不能否认汉代是封建社会的性质。而张荣芳《秦末农民大起义性质问题》一文，从秦末农民起义队伍中的"苍头""徒""甿隶"的阶级属性并非奴隶出发，从另一个侧面肯定了秦汉封建社会的性质。不过，一系列争论的主要论点和论据多承袭旧说，较少新意。当然随着秦汉有关具体问题研究的深入，宏观上的突破迟早会实现的。

2. 秦汉封建专制主义中央集权制度

封建专制主义中央集权制度确立于秦汉时期，在我国封建社会发展史中，发挥了深远的影响。近几十年史学界有关中国封建专制主义中央集权制的研究十分活跃，当然也引起了秦汉史界的关注，成果甚丰。

（1）关于封建专制主义中央集权制的经济基础

对此问题，史学界曾有过三种不同意见：其一认为是封建土地国有制；其二认为是以自然经济为特征的小农经济；其三则认为是封建地主大土地所有制。目前第一种说法已很少有人再提起。

林甘泉在《论秦汉封建专制主义的理论基础》一文中，重申了第三种意见。① 他指出小农经济从来不能构成一种独立的生产方式，因而它对上层建筑的性质和形式不可能起决定作用。关于封建土地国有制，在秦汉土地所有制的诸形态中并不占支配地位。中国封建专制主义中央集权制的形成是与土地私有化的过程相始终的。萌芽于春秋战国之际，确立于秦朝，而在汉代得到巩固和加强。其重要职能，就是保护和扶植封建土地所有制的发展。柳春藩《秦专制主义中央集权制的经济基础》一文则认为，地主制经济是专制主义中央集权制确立的经济基础。个体生产是封建统治得以维持的经济根源。小农经济是专制主义中央集权封建国家的重要经济支柱（财政支柱）。三者是有区别的，不能加以混同。②

而庞卓恒在《中西封建专制制度的比较研究》中，则主张战国秦汉逐步形成的封建中央集权制政体，是在夏、商、西周专制制度的基地上形成的，主要是以国家编户制下的小农经济为其物质基础。二者结合而成的社会结构，具有极强的生命力和再生力，成为一块"活的化石"③。

（2）皇权与专制政体

①官制

安作璋、熊铁基《秦汉官制史稿》是有关该问题研究的重要收获。全书对中央官制、地方官制和有关官吏的选用、考课及其他各项

---

① 《秦汉史论丛》第二辑。
② 《秦汉史论丛》第三辑。
③ 《历史研究》1981年第2期。

制度作了全面、系统、深入的考察。并指出以皇权为中心,以地主阶级为基础的封建官僚制度,是封建专制主义中央集权制国家的支柱。如果这个制度比较健全,而又治理得当,专制主义中央集权制国家也能起到一定的积极作用;否则,只能起着极大的反动作用。此外,臧云浦《秦汉职官制度的形成与影响》、郭人民《秦汉制度渊源初论》分别对秦汉官职的渊源、特点和影响作了探讨,并一致认为不能全盘否定专制主义中央集权制的历史作用,应就不同历史时期的历史作用,一分为二地进行具体的分析。

关于秦置相邦、丞相问题,韩养民在《秦置相邦丞相渊源考》一文中认为,相邦在秦王政十年(前237年)改称丞相,名虽异而职责、地位相同。李光霄在《有关秦和汉初丞相二三事》中则认为,相国地位高于丞相。秦灭六国前以右丞相为上,统一六国后以左丞相为上。对此聂新民、刘云辉《秦置相邦丞相考异》则进一步提出相邦职权高于丞相,是基本国策的制定者和掌握者,丞相一般是按制定好的国策执行。相邦均是建立特殊功勋的客卿,而丞相则有王室成员。相邦、丞相交替设置,反映了秦国官制逐渐完备的发展过程。此外,林剑鸣《秦代中央官制简论》又强调秦御史大夫和博士的地位不可低估。尤其是御史大夫,凡丞相有权处理的事情,他均可以过问,其许多职权为丞相所无。而张金龙《御史大夫职掌辨》则认为,御史大夫的责任不是对丞相"干予监临",分割相权,而是佐助丞相统理政务,为副宰相。张汉东《秦汉博士官的设置及其演变》认为,秦博士是议政官兼礼官。西汉武帝以后,又具有学官的性质。

中外朝形成于汉武帝时期,是加强中央集权制的重要措施,几乎成为定论。但苏诚鉴《论西汉"中外朝"的形成及其作用》一文则提出质疑。他认为这一制度始于昭帝初霍光辅政时期,通过它使霍光以人臣而兼君上之权,剥夺了丞相召集百官议事之权,为以后外戚专权创造了有利条件。所以中外朝的形成，不但没有加强专制统治，相反成了分裂瓦解中央集权的腐蚀力量。

自秦简问世后，秦汉地方官制中的"啬夫"一职引起人们极大的兴趣，有关争论文章数量之多，分歧之大，在秦汉官制研究中极为罕见。《睡虎地秦墓竹简》的整理者认为，县及县以下地方行政机构及都官的负责人都可以称"啬夫"。而高敏《秦律中的"啬夫"一官》力主县令以外有县啬夫，此啬夫具有县以下的系统，职权范围也宽。[①] 钱剑夫《秦汉啬夫考》则认为，秦代小县（民户五千以下）不设县令而置啬夫。啬夫也是一般少吏的通称。乡官"有秩"和啬夫职责相同，但有秩的品级较啬夫为高，故二者既是一官又是两官。陈抗生《睡简杂辨》又提出县令以下主管吏均称"啬夫"，县令称"县啬夫"或"大啬夫"。一般副职（包括县丞）、佐史都不能称"啬夫"。于豪亮《云梦秦简所见职官述略》中强调县、道"啬夫"就是县、道令丞。裘锡圭《啬夫初探》又从啬夫源流出发，认为啬夫官名起于战国之前，当时有"吏啬夫"（官啬夫）、"民啬夫"（乡啬夫）之别。而后县令、长一度也被称为"啬夫"[②]。朱大昀《有关啬夫的一些问题》则断定啬夫是下层各类机构的主管，是"少吏"，只是不包括"佐史"和"佐助"。

选官制度方面，黄留珠的《秦汉仕进制度》是较为系统的一部专著。其中有关秦仕进制度的论述，指出商鞅变法至统一六国间，保举、军功、客、吏道、通法是入仕的五个基本途径，构成秦仕进制度的主体。统一后，由于李斯的建议，仕进就大多出于"法""吏"二途。填补了该研究的空白。又高恒《秦简中与职官有关的几个问

[①]《社会科学战线》1979年第1期。
[②]《云梦秦简研究》。

题》①和于豪亮《云梦秦简所见职官述略》对此也作了有益的探讨。而安作璋《汉代选官制度》又较为详细地考察了汉代察举的各种选官方式，认为既选拔了一些有用人才，也有很多流弊。

任子制是秦汉选官制度的一个重要补充。《睡虎地秦墓竹简》整理者认为"葆子"疑即"任子"。黄留珠认为从对"葆子"的种种优待来看，可以看到秦国早期世官制的遗存。但张政烺《秦律"葆子"释义》却提出，"葆子"即"保质"，与"任子"无关。廖晓晴《两汉任子问题探讨》认为，任子之制产生于汉初，它始终没在选举制中占主导地位，对当时政治也起了消极作用。而李孔怀《汉代郎官述论》则指出，任子之制是战国以来就有的一种制度，是汉初郎官的主要来源之一。随着秦汉官僚制度的日益完善，任子制的比重才逐步下降，而向举贤纳材的征辟、察举制过渡。

秦汉爵制也由战国之制演变而来。高敏《秦的赐爵制度试探》和《论两汉赐爵制度的历史演变》，对秦汉赐爵制的产生、演变及其破产过程作了综合性研究。②林剑鸣《秦代官爵制度变化的奥秘》认为，秦统一天下后，官爵分离，有爵不一定为官，任官不一定靠军功，是当时加强政权建设的需要所决定的。又朱绍侯《军功爵在西汉的变化》一文，则指出汉代军功爵的重要变化表现在：第一，出现军爵、民爵之分；第二，无军功亦可封爵；第三，对因立军功而封爵者的限制转严。这些变化为豪强地主掌握政权开辟了道路。而杨一民《战国秦汉时期的爵制和编户民称谓的演变》则认为，军功爵至汉代已转变为民爵。其特点一是由皇帝普遍赐予，二是可以买卖。秦二十等军功爵已徒具形式。随着赐爵、卖爵的盛行，爵制渐滥。

---

① 《云梦秦简研究》。
② 见高敏《秦汉史论集》。

监察制度和考课制度也是秦汉官制的重要组成部分之一。杨宽《战国秦汉监察和视察地方制度》，对秦汉监察制度作了详细的考述。他认为秦的监、监御史不仅负责监察，还有领兵作战，推荐人才的权力。汉代则把设置地方监察官和视察地方制度紧密结合起来，有了明确的权限。刘修明《汉代监察制度述略》则强调，汉武帝设刺史以"六条问事"，反映了最高统治者加强中央集权，缓解社会矛盾的迫切需要。而朱绍侯《西汉的功劳阀阅制度》、李孔怀《秦汉课计制度》、袁祖亮《略述两汉时期对官吏的考核》等文[①]都对汉代考课制度作了有益的探索，值得一读。

②郡县制

秦汉封建专制主义中央集权制的根本内容是以郡县制取代分封制。但是在西汉初年确曾一度实行"郡国并行制"。如何看待汉初的分封制，是秦汉史研究的一个重要课题。就汉初分封制的性质问题，杨伟立《论汉初的分封制》认为，是按西周政体的模式恢复起来的独立或半独立的封国。李孔怀《汉初郡国并行政体刍议》则认为，西汉封国与西周封国有本质的不同，并非简单的"徇周之制"。韩连琪《论西汉封国食邑制下的土地所有制和剥削形式》则指出，诸王侯并不拥有封国内的土地所有权，其剥削形式是分享封地内大、小土地所有者向汉王朝交纳的课税，故本质上同郡县一样。[②] 就分封制建立的目的而言，胡一华、毕英春《分封是刘邦战胜项羽的一个重要原因》一文和杨伟立的观点一致，即是刘邦为统一而采取的权宜之计。而侯宜杰《关于西汉前期的分封制度的两个问题》又认为，是刘邦觉得分封制比郡县制优越所致。李孔怀则主张是吸取秦亡教训，为保证国家

---

① 《秦汉史论丛》第3辑。
② 《秦汉史论丛》第2辑。

安定和繁荣而采取的战略措施。关于分封制的社会效果，张南《养士之风与淮南狱》认为，诸侯分封制造成政治多元化，私人养士之风实质上反映了诸侯与中央集权制的对抗，淮南之狱即由此而兴。

关于秦郡县设置问题，有三十六郡、四十郡、四十六郡、五十一郡等不同说法，迄无定论。① 王仲翰《战国秦汉辽东辽西郡县考》、张维华《汉河西四郡建置年代考疑》、陈梦家《河西四郡的设置年代》②，都以考古资料与文献记载相参证，做了具体深入的探索，对了解秦汉边地郡县设置情况均有裨益。

对于乡、亭组织机构的争论，也是比较大的。20世纪50年代时，王毓铨在《汉代"亭"与"乡"、"里"不同性质不同行政系统说》和《汉代亭的性质和它在封建统治上的意义》二文，认为"亭"的性质是防盗、捕盗和守望防敌，与掌教化、主赋税的乡官、里正之类不同。亭长属都尉、县尉统辖，也与乡、里行政系统不同。蔡美彪在《汉代"亭"的性质及其行政系统》一文中，则认为两《汉书》"亭"下辖"里"的记载是正确的。行政上应是县辖乡，乡辖亭，亭辖里。高敏《秦汉邮传制度考略》则从邮传制度出发，同意王文的意见，认为"亭"是邮传、司奸盗的机构，而非地方行政系统。朱绍侯《汉代乡亭制度浅论》又补充说，亭是独立乡以外的治安机构，它的直接上司为县尉，属于县吏。邮和亭有隶属关系，邮是亭的下级。而傅举有《有关秦汉乡亭制度的几个问题》提出新见解，以为乡不辖亭是对的，

---

① 秦三十六郡说本之于《汉书·地理志》，清钱大昕力主此说，见《潜研堂文集·秦三十六郡考》。秦四十郡说出于《晋书·地理志》，近人刘师培《秦四十郡考》从之，文载《国粹学报》1908年第4卷第12期。秦四十六郡说以谭其骧《秦郡新考》为代表，文载《浙江学报》1948年版第2卷第1期。由谭其骧主编的《中国历史地图集》第2册中的《秦时期图》即据此说而绘。秦五十一郡说则出自张其昀《秦帝国的政区——五十一郡》一文，载《文艺复兴》第108期，台湾1979年12月版。

② 张维华文载《汉史论集》，齐鲁书社1980年版。陈梦家文见《汉简缀述》，中华书局1981年版。

但亭不辖里不对，乡、亭是同级地方政府。

③法律制度

云梦秦简大批法律文书的出土，引起了秦律研究热。秦律究竟属于什么性质？有人主张属于奴隶制性质。刘海年《从云梦出土的竹简看秦代的法律制度》一文认为，秦律对奴隶主利益的保护多于限制。崔春华《战国时期秦封建法制的发展》则明确指出，秦律是封建法典，立法目的是实现对农民的统治。

刘海年《秦律刑罚考析》[①] 一文，把秦的刑罚大体分为十二类，并条分缕析，详加考述。他在《秦律刑罚的适用原则》[②] 中指出，秦刑罚中将犯罪人身份和地位作为适用原则的特征，表明封建法律的等级特权性质。他的《秦代法吏体系考略》一文，认为秦司法官吏体系共分三级，其特点是行政官和司法官不分，郡县官均可兼司法事。黄留珠《略谈秦的法官法吏制》则认为，秦国的法官法吏原是为"明法"而设置的一种特殊官吏制度，职责是学习法令，解答有关法令规定的问题。秦统一后，法官法吏制的目的又由"明法"而转为"以吏为师"、"以法为教"的文化专制主义了。

关于"罚"，由于《秦律·司空》"有罪以赀赎"的记载，易被误认为是"赎刑"。陈抗生《睡简杂辨》提出"赀"不是刑，而是罚，是一种经济制裁，主要针对官吏的一般失职行为和百姓的轻微犯罪行为。吕名中《秦律赀罚制度述论》和《秦律中的"赀"与"赀赎"》两文也有相似意见。[③] 张铭新《秦律中的经济制裁》则认为，赀罚是一种独立的实体刑种，与作为替代刑的赎刑不同。石子政《秦律赀罚甲盾与统一战争》又提出，秦广泛实行经济赀罚，是"足甲、

[①] 《云梦秦简研究》。
[②] 《法学研究》1983年1、2期。
[③] 《秦律中的"赀"与"赀赎"》，《秦汉史论丛》第2辑。

足兵、足食"的战略措施之一,因而所交纳的应是甲、盾等实物。

栗劲《秦律通论》是全面论述秦律的重要专著。高敏《云梦秦简初探》一书中有关秦律的论文,也颇有见地。都值得一读。

汉律的研究较之秦律研究略显薄弱。林越《关于汉律中所反映的几个社会问题》认为,除反映封建经济结构外,也部分反映出残余奴隶经济结构。于豪亮《西汉对法律的改革》认为,汉律的改进主要表现在第一规定了罪犯的刑期,第二废除了收孥法,第三改善了罪犯的生活待遇。因之比秦律进步和文明。张维华《论西汉初年对刑律的修正》一文,也把秦律和汉律作了对比,指出汉初"约法省禁",是对秦"严刑苛法"的"拨乱反正"。而陈连庆《汉律的主要内容及其阶级实质》① 一文,对汉律作了全面考察。在与秦律和唐律作了比较之后认为,早期汉律只保护奴隶主,不保护奴隶,所以即使法律禁杀奴隶,也不等于结束了奴隶社会。

④兵制

贺昌群《东汉更役、戍役制度的废止》一文,研讨了西汉的更役、戍役到东汉被废除的原因和经过,是20世纪五六十年代少数几篇有关兵制的论文中比较突出的一篇。随着秦简和秦始皇兵马俑,以及徐州、咸阳汉代兵马俑的出土,有关兵制的研究进入了一个新阶段。

熊铁基《试论秦代军事制度》是一篇全面分析秦军制的重要论文。② 其中他主张秦普遍征兵制的最低服役年龄为16岁。而黄今言《秦代租赋徭役制度初探》认为始于15岁。③ 于豪亮、李均明《秦简

---

① 《秦汉史论丛》第一辑。
② 《秦汉史论丛》第一辑。
③ 《秦汉史论丛》第一辑。

所反映的军事制度》则坚持 17 岁才开始服役。① 于文还考察了秦的军纪和训练程序。王学理《秦俑军阵浅析》和白建钢的《秦俑军阵初探》二文，都对秦俑坑的军阵作了具体的探讨。

陈连庆《汉代兵制述略》深入分析汉初、武帝、东汉光武帝三个特定时期中央、地方军制及其变化，颇有创见。而荀德麟《秦汉时代刑徒从军几个问题》一文，对刑徒在军队中的作用，作了有益的研究。吴忠匡《"汉军法"辑补》对汉代约束全军的军中戒约——《汉军法》，作了补辑工作。朱国炤的《上孙家寨木简初探》，又提供了西汉军事史的新资料。

（3）外戚和豪族世家

研究外戚、豪强与皇权的矛盾，以及封建专制主义中央集权制的强弱变化，是了解秦汉政治史的关键一环。

罗世烈《刘吕之争评议》认为，西汉初期的刘吕之争，根源在于外戚吕氏破坏了权力平衡，起因于刘襄、刘章等想借机夺权，结果吕刘两败俱伤，功臣集团更加得势。② 徐宗文《昌邑王被废的原因》则指出，昌邑王被废，除了荒淫无道外，也因为不甘心当傀儡天子，欲除霍光，结果反为霍光所算。对于外戚和皇权的关系，栾保群《由西汉外戚专政谈外戚与皇权的关系》一文认为，外戚专政是皇权专制的一种形式，在大多数情况下，外戚与皇权虽有矛盾，但远远不能抵销它们之间的一致性。

关于东汉时期世家地主的研究文章较多。李孔怀《东汉世家地主的形成及其特点》认为，东汉世家地主是由西汉中叶形成的豪强地主发展而成的。世家地主在政治、经济上具有明显的封建割据性倾向。

---

① 《云梦秦简研究》。
② 《晋阳学刊》1983 年第 8 期。

而韩连琪在《东汉大土地所有制的发展和庄园制的兴起》一文中，首次提出"世家豪族在腐朽的东汉统治集团中，是一个新兴的富有发展前途的阶层"的观点。

东汉时期，外戚、宦官和党人之间的斗争错综复杂。何兹全《东汉宦官和外戚的斗争》认为，外戚代表世家豪强，宦官代表皇权。而肖黎《论东汉党锢之祸》则认为，宦者代表皇权，外戚代表后权，官僚代表相权。他们之间的斗争，是三股政治势力的角逐。宦者是极端腐朽的势力，而党人在一定程度上反映了人民群众的要求。但马怀良《论东汉后期的党锢之祸》又提出，外戚和宦官是为控制皇权而争斗，而忧国的鲠直派官僚士大士则向外戚和宦官作斗争，以挽救东汉王朝。在如何看待宦官的功过问题上，葛承雍别树一帜。他认为东汉宦官没有自己完整的组织，不担任外朝官，权力有限，也没有什么社会基础。所谓宦官专权，不过是皇帝利用他们来翦除其他危害皇权的势力。宦官中忠心朝廷，有功国家的也比比皆是，所以不应一概排斥东汉宦官。

3. 秦汉时期的经济

秦汉经济是秦汉史研究最基本的课题之一。

不同的历史阶段有着不同的经济结构，它决定了该时期的社会性质、阶级结构和国家形态。经济结构是生产关系的总和，它与当时的生产力发展水平密切相关，也是当时各种生产方式的总和。一谈起秦汉经济结构，人们自然联想到奴隶制生产方式和封建制生产方式。所以绝大多数研讨秦汉经济结构的文章，自然会涉及秦汉社会性质问题，并要在奴隶制和封建制两者中作出抉择。前文已有介绍，此不赘述。但与众不同的是，赵俪生《试论两汉的土地所有制和社会经济结构》一文，却改由分析秦汉时期的自然经济和古典经济这两种形式的经济潮流入手,指出从战国到两汉,以个体农业与个体手工业相结合为特征的自然经济和以个体农业与手工业一定分离、商业和货币流通一定昌盛、个体农业与手工业在一定程度上同商业纠缠在一起为特征的古典经济,互相交错,互有消长。而两汉的国家土地所有制、大土地私有制、小土地私有制,就在这两股经济潮流的交错中发生、发展、互相影响,成为一套完整的经济结构。一般说来,社会生产遭到破坏时,古典经济就会低沉;社会生产上升时,它又活跃起来。尽管此说不无商榷之处,但使人耳目一新,颇受启发。

下面就秦汉经济结构所触及到的具体问题逐一予以简介。

(1) 土地制度

秦汉土地所有制形式的讨论,一直有三种分歧的观点:其一以侯外庐为代表,主张秦汉土地所有制主要是土地国有制,皇族地主的土地垄断为其表现形式。一般的地主和农民对于土地只有占有权和使用权,缺乏土地私有权的法律观念。其二则以翦伯赞为代表,他认为秦汉社会根本不存在土地国有制的问题,起决定性作用的是土地私有制。林甘泉、张传玺等都主张封建地主土地所有制是占主导地位的土地所有制形式。其三以胡如雷为代表,他认为秦汉时期尽管地主土地所有制占主导地位,但土地国有制和自耕农小土地所有制与地主土地所有制同时并存。争论至今仍未停息。

近几十年来,由于云梦秦简的出土,秦土地所有制问题成为争论的焦点。

黄展岳《云梦秦律简论》认为,自商鞅变法至二世灭亡,秦实行土地国有制。在秦简中找不出土地私有制的记载。秦律的律文如"盗徙封赎耐",是保护官营土地,而不是保护地主土地所有制。熊铁基、王瑞明《秦代封建土地所有制》则认为,秦代以封建地主土地所有制为主。① 姚澄宇《论秦的土地所有制形式》也认为，自商鞅变法承认土地私有，允许买卖，到秦始皇"使黔首自实田"通过一系列法令，已使土地私有制在全国范围内确立起来。

而吴树平《云梦秦简所反映的秦代社会阶级状况》一文，根据秦简"授田"的记载，认为秦代是以国家土地所有制为主，辅之以地主土地所有制。张金光《试论秦自商鞅变法后的土地制度》则进一步阐述道：秦存在着多种形式的土地所有制，但还没有对土地的完整的所有权。因为秦实行按户计口授田制，所以个人对土地并未超过占有权与使用权的水平而达到私有权的地步，更谈不上达到以土地买卖为标志的封建土地私有权水平。然而普遍的真正的土地国有制与私人占有的二重性的特点，使国有土地强化之时，就孕育着私有制的胚胎。秦统一后，使黔首自实田，才成为私有土地确立的标志。杜绍顺《关于秦代土地所有制的几个问题》则强调，秦代不存在把国有土地直接租佃给农民的租佃关系，也不可能形成农民与私家地主间的租佃关系，因为秦"授田"十分普遍，几乎可以终身占有；按爵所赐之田，也可世袭；封邑主不直接经营封邑土地；土地也不允许买卖。

唐赞功《云梦秦简所涉及土地所有制形式问题初探》则认为，秦时同时存在封建地主土地所有制、封建国家土地所有制和自耕农小土地所有制。但当时唯一获得发展的是封建地主土地所有制，并制约着其他两种土地所有制形式。②

主张封建土地所有制占主导地位的人，大多数都不否认国有土地的存在。如张传玺《战国秦汉三国时期的国有土地问题》认为，公田、苑囿、山林川泽、荒地等，都是国有土地，但不等于是土地国有制。因

---

① 载《云梦秦简研究》。
② 载《云梦秦简研究》。

为这类土地明显受土地私有制的制约，是私有土地再分配过程中的一种运动形态，是私有土地在特殊情况下采取的暂时的外在形式。祝瑞开《汉代的公田和假税》则认为，秦时少府所掌管的"山海池陂"，以及各郡国的陂田草田，是皇帝私人占有形式，不能称为国有土地。林剑鸣《论秦汉时期在中国历史上的地位》也持有同样的看法。

关于汉代的封国食邑制度，过去一直认为是土地国有制的研究对象。谢忠梁《两汉的食封制度》认为它是披着国有制外衣的私有土地制度。侯外庐《中国思想通史》（第二册）则认为，封国食邑是由国有土地的"公田"中赏赐的，诸侯王、列侯只有占有权。柳春藩的《秦汉封国食邑赐爵制》一书，在对封国食邑制度进行全面考察后，提出了异议。他认为诸侯王和列侯所食的租税，不是基于土地所有权（或占有权）向无地农民征收的地租，相反是向土地所有者征收的地税。因此，封建食邑制本身，不属于土地所有制问题。韩连琪《论两汉封国食邑制下的土地所有制与剥削形式》一文，也认为封国食邑制本身不能单独形成一种土地占有形态。①

关于屯田制，李祖德《西汉的屯田》和陈连庆《东汉的屯田制》二文，作了较为全面的阐述。对于流行的河西屯田分军屯、民屯的说法，武守志《汉代河西屯田简论》提出不同看法，他主张应分以交租承佃为特征的假田制和以服役食俸为特征的戍徭制二类。而赵俪生《汉屯田劳动者所受剥削之性质与数额上的差异》又认为，屯田开始是徭役性质，剥削的是劳役租。后来逐渐向假田的国家租佃性质转化。最后以军官地主化，屯卒佃农化或隶农化，租率与私租相埒而结束。

关于两汉豪强经济，柳维本《西汉豪强地主的形成和地位》认为，豪强地主自汉武帝时开始发展起来，是自给自足的地主大土地庄

---

① 《秦汉史论丛》第2辑。

园经济的开拓者。它以农业为主，兼营其他各业，与小农相比，更有利于推动生产力发展。它通过土地兼并，形成租佃关系和雇佣关系。这种封建剥削关系，正是封建生产关系的一种发展。而杨一民《汉代豪强经济的历史地位》则认为，西汉前期是由国家土地所有制、自耕农小土地所有制和豪强大土地所有制构成奴隶制经济。西汉后期到东汉，豪强大土地所有制经济随着土地兼并和小农破产，以强烈的人身依附关系为动力，成为当时先进生产关系萌芽的代表，逐渐战胜奴隶制国家土地所有制及其控制下的自耕农经济，推动奴隶制母胎中封建生产关系走向成熟。尽管韩连琪《东汉大土地所有制的发展和庄园制的兴起》、朱绍侯《秦汉"禁民二业"政策剖析》、韩养民《西汉豪族地主势力的膨胀和门阀制度的萌芽》、汪润元和勾利军《汉代豪强产生的原因》都认为，西汉中期以后，逐渐形成封建性的庄园式（田庄式）豪强经济，但杨一民的观点仍应引起重视。此外，白文固《东汉庄园经济说质疑》则指出，东汉不存在庄园结构，而普遍存在地主经济和小农经济两种经济形式下的自然经济结构。

（2）赋役制度

钱剑夫《秦汉赋役制度考略》是一部全面考察秦汉赋役制度的专著，是有关该问题研究的基本参考书。

对于秦代赋役制度，钱剑夫认为秦田租率为"收泰半之赋"，也就是三分取二。实际上是战国之制，没有加重，也没有减轻。黄今言《秦代租赋徭役制度初探》认为，秦代征收田租的办法是以一户有田百亩为假设，按人户征收的。田租率不是"什五税一"，而是"什一之税"。秦"收泰半之赋"是指口赋超过田赋太半。熊铁基《秦汉赋税徭役制度初探》也主张秦收"什一之税"。但"收泰半之赋"，既包括田租税，也包括赋役，以后者为主。张金光在《试论秦自商鞅变法后的土地制度》和《秦自商鞅变法后的租赋徭役制度》二文中认为，秦的租赋制是在国有土地的基础上的租税合一制，计田受租，实行定额租制，以实物交纳。而秦人17岁始傅，18岁便开始服役。而钱剑夫《试论秦汉的正卒徭役》则认为，秦起役年龄为17岁。

汉代赋役制度十分复杂，诸说纷纭，莫衷一是。

高敏《秦汉赋税制度考释》认为，汉代田租的征收办法，不是通常所说按田亩或按产量征收，而是把二者结合起来征收。汉代租赋不外赋、算、租、税四大类，其中仅"租"一项征收实物，其余则收钱币。所以货币税比重高是汉代赋税制的一大特点。[1] 黄今言《论两汉的赋敛制度及其演变》一文，则强调了汉代"重赋轻租"的特点。[2]

对于文帝免收天下租税十二年的旧说，近年来有人提出质疑。周园林《汉文帝免收田税十二年说质疑》以为，文帝所免仅指十三年当年一年的田税。彭雨新《关于汉文帝免田租十三年的历史传说》也持同一看法。

又柳春藩《论汉代公田的假税》认为，汉代公田假税有三种形式，即地租型假税、地税型假税、渔采型假税。在不同时期、不同地区相机实施。既增加了国库收入，又和缓了阶级矛盾，有利于国家的统一。杨生民《试谈两汉时期的官营农业》认为，假税征收是"与田户中分"，"见税十五"。赵俪生则认为公田地租可能比国税（田租、口赋）稍高，比私租额（什五）略低，这样才有"权家"把公田包进来，再按高租率租出去而从中牟利。[3] 而祝瑞开却认为假田的税、赋是一回事，都是指封建国家向自耕农征收的田税。所以不可能有什么二地主田租，也无比私租额较低的地租。

关于訾算，黄今言《汉代的訾算》认为，訾指资财，往往成为迁

---

[1] 见其所著《秦汉史论集》。
[2] 见《秦汉史论丛》第2辑。
[3] 见《中国土地制度史》第3章第1节。

徙的条件，任官的标准，征税的依据，訾算的征课不同于按丁征赋，是以户等高下为差次的，一般有訾万钱为一算的制度，租率为百分之一左右。訾多税多，无訾无税，较为合理。对豪富地主田宅踰制，荫蔽人口，起到一定的限制作用。不过实际执行起来，难以兑现，反而常会加重农民负担。而田泽滨《汉代的更赋、訾算与户税》则认为，訾算不是财产税，但按訾区分类别确与徭赋制度有关。又高敏《从江陵凤凰山十号汉墓出土简牍看汉代的口钱、算赋制度》认为，汉初存在口钱和算赋并征之制，而口赋则是包括口钱与算赋在内的人口税的总称。征收时间并不固定于八月，往往是里正按口定算，按月分次征收上缴，征满为止。八月算人是东汉之制。

钱剑夫《试论秦汉正卒的徭役》认为，汉男子年满20岁起服役，至56岁止役。从20岁到22岁每年服一个月的"更卒"徭役。从23岁起服材官、骑士、楼船徭役一年，卫士一年，统称为"正卒"。黄今言《两汉徭役制度简论》又认为，虽有制度，但擅徭、逾役和任意延长服役年限是常有的事。罗镇岳《试析西汉男子"屯戍一岁"与"戍边三日"》提出，戍边三日是平时的制度，"屯戍一年"是边防紧张时期的追加法。而于豪亮《西汉适龄男子戍边三日说质疑》则认为，高后到武帝戍边为一年，昭宣以后改为半年，并无"三日"之说。

（3）农业

安作璋《从睡虎地秦墓竹简看秦代的农业经济》一文，是少有的几篇论述秦代农业的论文之一。他认为秦代农业经济是繁荣发展的，究其原因与秦代新兴地主阶级坚持重农政策分不开。[①]

宁可《汉代农业生产漫谈》认为，汉代农业生产水平，平均已达

---

① 见《秦汉史论丛》第1辑。

到每个劳动力年产粮约 2000 斤，每个农业人口每年约食粟 18 石，合今 486 斤，而全年每人占有粮食约 640 斤上下。徐杨杰《汉代农业生产水平问题初探》的推算，亦大致相仿。孟明汉《关于西汉农业生产的几个问题》则认为，西汉粮食单位面积产量达亩产一石半（约合一市亩 1.089 石），每个农业劳动力能耕种 50 亩（约合 13.65 市亩），一户自耕农每年能生产粮食 2100 市斤，达到整个封建社会中较高的水平。唯赵德馨《汉代的农业生产水平有多高?》认为，汉代一个农业劳动力年产粮只能养活一个半和二个半人之间，绝没有宁可推算的那么高。

史辛赋《汉代农业生产的一次革新——代田法》认为，"代田法"比"缦田"亩增产"一斛以上"，是农业技术的一大进步。[①] 而对于区田法的作用，石声汉《〈氾胜之书〉内容的分析》和万国鼎《氾胜之书》二文都认为作用有限。石文指出此法劳动强度大，不能利用畜力，决不是获得丰产的唯一方法。万文则认为"亩产万斛"有夸大之嫌。[②] 此外，张传玺《两汉大铁犁研究》、陈文华《从出土文物看汉代农业生产技术》都作了有益的探讨。而阎万英《西汉时期我国农业区域概貌》又对西汉时期的农业区域的划分及其特点和形成原因作了论述。都可资参考。

值得注意的是，余华青除与张延皓合作撰写《秦汉时代的畜牧业》一文外，还连续发表了《秦汉林业初探》《略谈秦汉时期的园圃业》《秦汉边郡牧师苑的兴衰及其影响》《秦汉时期的渔业》等文章，对这些与农业密切相关的生产部门，作了比较深入的考察，填补了有关研究的空白，并带动该领域的研究的开展。

---

① 《光明日报》1976 年 1 月 22 日。
② 石文见《氾胜之书今释》之附录。万文载《中国农报》1962 年第 2 期。

(4) 工商业

吴荣曾《秦的官府手工业》对秦官府手工业作了全面的论述，他认为秦从中央到地方都设工室以管理手工业。按生产技术又可分将作（土木工程）、工官、铁官等独立的生产部门。工匠中有少数的自由身份者，其余都是缺乏自由身份的人，主要是刑徒。袁仲一《秦民营制陶作坊的陶文》则列举了十七类四十种民营制陶戳记，证明独立的个体手工制陶作坊的产品是以出售为主的，看来秦代商品经济也是比较发达的。

对于汉代手工业的研究，当推陈直《两汉经济史料论丛》一书。他利用考古资料，对两汉纺织、漆器、制盐、冶铁、铸钱、铜器，兵器制造、度量衡器制造、陶器、舟车制造、木器、竹器、编草、玉石雕刻等各业都进行了深入的研究，并总结了两汉盐铁矿、金矿、银铅矿、锡矿、铜矿、石灰矿、石油矿等各类采矿业的基本状况，还分析了汉代的工人的类别，至今仍不失为最具权威的专著。此外孙毓棠《战国秦汉纺织技术的进步》一文，对秦汉纺织技术业特点作了分析。逄振镐《秦汉时期山东纺织手工业的发展》一文，又对地方纺织业进行了研究。此外，宋治民《汉代漆器制造手工业》《汉代铜器铸造业》、余华青和张廷皓《汉代酿酒业探讨》、罗庆康《汉代盐制的几个问题》等，都各对有关手工业生产部门作了积极的探索。而潘吉星《中国造纸技术史稿》一书，对西汉的麻纸和东汉的蔡伦纸都给予了高度的评价，对了解汉代造纸业很有帮助。

钱剑夫《秦汉货币史稿》一书，对了解秦汉货币经济是十分重要的。此外，张南的《西汉货币职能研究》、余谦《试论西汉货币制度的两个特征》、甘于黎《也谈东汉的货币经济》都值得一读。其中甘文对傅筑夫《中国封建社会经济史》中有关东汉王朝货币经济的发展突然中断，倒转了一百八十度的观点，提出了质疑，颇有新意。

关于秦汉盐铁政策问题,张传玺《论秦汉时期三种盐铁政策的递变》认为,秦和汉初实行盐铁包商政策,对促进农业、手工业和商业发展起到了重大作用。汉武帝时,由于中央集权制的强大,又鉴于国家的财政困难,而采取盐铁官营,对充实财政,安定西域、南方、西南边地起了很大作用。东汉又实行盐铁私营,则是受山林川泽国有制瓦解、私有制产生的历史性变化的制约所造成的。

重农抑商政策是秦汉经济政策的重要内容,过去是研究秦汉社会性质问题的主要课题之一,近几年来,又成为探讨中国封建社会长期延续原因问题的主要对象之一了。肖黎《浅论西汉的抑商政策》认为,西汉的抑商政策堵塞了商品经济的发展,从而阻碍了整个社会经济的发展。高敏《秦汉时期重农思想蠡测》则认为,这种思想在封建社会初期有其进步性,只是随着时代的发展又有阻碍社会发展的消极作用。[①] 林剑鸣《秦汉时代的市政》认为,秦汉统治者的工商政策有禁有导,并非一味打击。卢新建《汉武帝时期的财政措施与工商业的发展》则指出,武帝打击的是少数富商大贾、不法工商业主,对正常工商业、中小工商业则是保护的,其结果促进官营工商业也向商品经济逐步转化。刘凌《西汉初期的工商业政策与汉武帝的经济改革》和张鸿雁《西汉初重农抑商政策对经济发展的影响》都认为,汉初工商业大幅度发展,冲击了封建自然经济,使农业、手工业、商业的比例失调,与当时生产力发展水平不相适应,损害了地主阶级的利益。实行重农抑商政策,正是为此而作的必要调整。

---

① 见《秦汉史论集》。

4. 秦汉时期的阶级与阶级斗争

（1）秦汉的阶级结构

吴树平《云梦秦简所反映的秦代社会阶级状况》认为，秦代除地主和农民两个基本阶级之外，还有奴隶主和奴隶两个阶级。奴隶主阶级主要分布于工商业领域，而奴隶分为官奴隶、私奴婢两种。秦代的刑徒实际上是奴隶。

云梦秦简中常有"隶臣妾"的材料，"隶臣妾"究竟属什么性质成为争论的热点。总括起来大致有以下三种意见：

第一，奴隶说。于豪亮《秦简中的奴隶》、黄展岳《云梦秦律简论》都主此说。黄文从隶臣妾来源、服役期限、社会地位等方面论证，隶臣妾与殷周的奴隶没有什么本质区别。高敏、刘汉东《秦简隶臣妾确为奴隶说》又从隶臣妾必须终身服役、隶臣妾的来源所表现的特征、隶臣妾可以买卖、隶臣妾必须赎免方为自由农、隶臣妾子女仍为奴隶的继承性五个方面再加论证。臣妾上冠以"隶"字，只证明他们是官奴隶，不证明他们不是奴隶。

第二，刑徒说。林剑鸣《隶臣妾辨》和《三辨隶臣妾》认为，隶臣妾是刑徒中最普遍的一种，从其阶级地位看，他（她）们不是奴隶。判断其身份的最重要、最本质的标准，乃是看其是否拥有生产资料或私有财产，而不是来源、待遇、法律地位等。栗劲、王占通《"隶臣妾"是带有奴隶残余属性的刑徒》进一步论证说，隶臣妾基本是刑徒，由于具有刑无期性和世袭性，所以保留了某些官奴婢的残余属性。到汉文帝改制时，隶臣妾由无期刑变为有期刑，不再要父死子继，就成为完全意义的封建社会的刑徒了。

第三，隶臣妾分国有奴隶和刑徒二类说。杨剑虹《隶臣妾简论》认为，隶臣妾中有国有奴隶，从事生产劳动。但又有具有私有经济的触犯法律的刑徒，不是奴隶。施伟青《隶臣妾身份复议》也强调隶臣妾既包含刑徒，也包含官奴隶。刑徒刑满可复为自由民，官奴隶必须世代为奴。但官奴"隶臣妾"也拥有私人经济，不能任意屠杀，与奴隶社会的奴隶不尽相同，只能说有奴隶制的遗迹。

关于"闾左"的身份，也有不同意见。卢南乔《闾左辨疑》提出"闾左"是七科谪之一的逋亡人。田昌五在《中国古代农民战争史》（第一册）中又认为，"闾左"是指闾之左近的贫民，即"浮萌""宾萌"之类。田人隆《闾左试探》则主张"闾左"与邦客、臣邦人一脉相传，是六国人民被迁徙后强制分配给军功贵族的一种封建依附农。郎世宁《说闾左》则力主"闾左"不是平民，而是相当于雇农的特殊阶层。

汉代的官私奴婢是不是奴隶，虽然是个老问题了，争论简况已见前述，但近年也有所进展。陈连庆《汉律的主要内容及其阶级实质》则坚持汉代官私奴婢是奴隶，并构成汉代经济结构的主流。朱绍侯《秦汉时代的奴隶、依附农和其他劳动者》则认为，秦汉奴隶既参加家务劳动，也参加手工业劳动和农业劳动，但毕竟不是社会的主流。在社会生产中，封建生产关系占主导地位，特别是农业生产领域中，生产的主要承担者是广大的自耕农、雇农、佃农和依附农。[1] 而林剑鸣《论汉代奴婢不是奴隶》又强调，区别是否奴隶的根本标志不是在于可以屠杀、买卖，而是在生产资料占有关系中所处的地位。在奴隶制向封建制的转变中，汉代奴婢已拥有许多个人财产，不从事生产劳动，受法律保护，与普通人很少有区别。他们不是一个阶级，而是分属于不同的阶级，成为一种职业的概念了。

在秦汉农业劳动者的身份的考察中，何兹全认为，他们是奴隶和

---

[1] 见《秦汉史论丛》第 1 辑。

来自平民的佃客和佣工。① 孟明汉《关于西汉农业劳动者的身份》和马傅《西汉与西汉前的自耕农》则认为主要是自耕农和佃农。徐扬杰《汉代雇佣劳动的几个问题》一文，还对汉代雇佣劳动的范围、雇佣劳动者的出身、社会地位、经济生活作了有益的研讨。又杨生民《论战国两汉时期的"客民"和"客"》一文值得重视。他认为战国两汉地主对待"客"，并不是对生产奴隶实行"暴力统治"。而是为榨取剩余劳动对农民实行"暴力统治"。汉代豪强地主剥削的主要对象是以佃农、客、宗族为主的封建依附人口。黄巾起义后，"客"与佃农完全合流。从封建依附人口的这一变化可以看出，奴隶制向封建制的转变绝不会迟于战国。

安作璋、逄振镐《秦汉地主阶级构成的演变》提出，秦代占统治地位的是军功地主，汉初至武帝以前主要是"封君"和"素封"地主。武帝以后至东汉是以儒学起家、累世公卿的世族地主。柳春藩《汉代地主的类别》则认为，汉代地主可分贵族地主、官僚地主和富民地主三类。在地主阶级内部不存在严格的等级制，各类地主都无直接统治农民的权力，所以要建立一个强大的国家以代表他们的共同利益。而何兹全主张，秦汉地主除皇室和有爵邑功臣外，在政治、经济上都无特权，与平民一样，都是编户民。关于两汉豪强的研究已日益引起重视，前文豪强经济部分已有所论述。其中汪润元、勾利军《汉代豪强产生的原因》认为，豪强地主是在军功地主日益没落的情况下，凭借领导社会生产和承担管理职能的才能优势，迫使发展中的封建社会调整领导阶层，以适应社会经济的发展，而逐步取代军功地主的地位的。这是中国地主阶级发展的必然趋势。田余庆《秦汉魏晋封建依附关系发展的历程》则强调，封建依附关系是随豪强地主一起发

---

① 见《秦汉地主与魏晋南北朝地主的不同》，《北京师范大学学报》1984年第2期。

展的，武帝以后至东汉末是显著发展阶段。

(2) 农民战争及其历史作用

漆侠著《秦汉农民战争史》是该问题最主要的参考书。另外，田昌五《中国古代农民战争史》（第一册）也可供借鉴。

①秦末农民战争

关于这次农民大起义的原因，逄振镐《秦汉土地制度与农民起义的几个问题》指出，秦汉农民起义次数多，规模大，根本原因在于"田无常主，民无常居"的土地制度。在国家统一的情况下，农民反对封建地主阶级的同时，必须把斗争锋芒指向封建王朝。秦末农民起义也是如此。而罗世烈《封建专制主义和秦朝灭亡》则强调是秦封建专制主义弊端所造成；劭勤《重评秦末农民大起义爆发的原因》则归罪于秦始皇骄横纵欲和缺乏统治经验；郭人民《陈涉起义和六国的复国斗争》则认为是六国的复国势力起了重要作用。总之是秦的暴政，社会生产力遭到严重破坏，农民的基本生存条件被剥夺而引起的。对此高敏《秦的奴隶制残余与秦末农民大起义》则持不同看法，他主张起义原因是秦朝奴隶制残余的严重存在，规定了秦末农民大起义的参加者多是奴隶、刑徒、佣奴、庶子和谪戍之徒，也规定了他们主要反对残酷的人身奴役。赵锡元《关于大泽乡起义的几个问题》承认起义是由执政者过分残暴造成的。但又指出，正因如此，所以这次起义不是单纯的农民起义，而是全民的反秦起义，其目标只限于推翻秦的残酷统治。

至于这次起义的历史作用，邹贤俊《秦末农民大起义与秦汉之际的地主阶级》认为，秦末农民大起义促进了地主阶级内部的分化，消灭了最残酷的秦朝军功地主和官僚地主，为秦汉之际出现封建土地所有制的大转移，为汉初地主阶级新贵族旨在调整阶级关系，实行"与民休息"的特定政策，推动汉初的经济发展，创造了条件。高敏则认为其作用是表现在扫除奴隶制残余和人身奴役制，堵塞了奴隶制的发展道路，从而确立了封建制度。赵锡元则以为是推翻了暴秦的统治，证明农民起义并不总是以失败而告终。

关于这次起义的性质，郭人民《陈涉起义与六国的复国斗争》强调，秦之灭亡不只是陈胜起义军所推翻的，在陈胜失败后，反秦斗争由六国复辟势力领导，并夺取了胜利。所以这段时间的斗争性质应是以六国复国斗争为主。李桂海《论秦末六国贵族反秦斗争的性质》则认为，六国贵族的分裂割据活动也应视为秦末农民大起义的一个组成部分，这是由当时的主要矛盾决定的。

此外，对于"张楚"是否是国号问题，鲍善淳《"张楚"非国号辨》认为，"张楚"是"张大楚国"之意。并非国号。张政烺《关于"张楚"问题的一封信》则依据楚帛的记载，断定"张楚"是国号无疑。[①]

②西汉农民战争

李鼎芳《谈西汉末赤眉和绿林起义》认为，土地兼并的严重、政治的腐败，王莽改制所造成的灾难是绿林赤眉起义的主要原因。郑昌淦《井田制的破坏和农民的分化》则认为，是奴隶制危机造成了这次起义，所以参加者是奴隶和面临沦为奴隶威胁的破产农民。而葛承雍《西汉末年社会大动乱试析》则认为，这次社会大动乱是豪强地主发动的并起主要作用的一场统治阶级内部争权夺利的倾轧。绿林军和赤眉军并无推翻新莽的任何鲜明的目标和政治、经济措施，行政上也未能触及土地和奴婢问题，只在天灾讨食和盘桓求生中兜圈子。赵忠文《赤眉首领称"三老"、"从事"、"卒史"辨》又认为，赤眉不仅有反对新莽的鲜明目标，而且制定了争取社会广泛支持的斗争策略。

---

① 鲍文载《文史哲》1979年第5期。张文载《文史哲》1979年第6期。

关于更始政权和赤眉政权的性质，也有截然相反的两种意见。张志哲、罗义俊《王莽与刘秀》一文认为，这两个政权都是封建政权。刘序琦《关于绿林、赤眉农民起义的几个问题的商榷》则反驳说，更始是革命政权，入长安后才蜕变为封建政权。赤眉政权打击的主要对象是关中大地主。不能因为这两支起义军有"皇权主义"倾向，而有意贬低其推动东汉社会发展的历史作用，去烘托"光武中兴"。

此外，陈连庆《两汉之际河北农民军杂考》，对当时有重要影响的河北起义军作了比较周详的论述，有一定参考价值。高敏《略论西汉成帝时的"刑徒"起义》也值得一读。

③黄巾大起义

关于黄巾大起义的原因和历史作用几乎没有争议，漆侠在《秦汉农民战争史》一书中的论述，具有代表性。他认为自然灾害是黄巾起义的诱因之一，但是决定性的因素还在于东汉的封建剥削压迫制度。起义迫使封建士大夫提出调整土地制度的方案，曹魏屯田限制了土地买卖，使北方地区突破原有生产水平，为西晋统一奠定了物质基础。曹魏的按资缴纳赋税法，使佃客一定程度减轻了封建剥削。在东汉居于统治地位的谶纬迷信思想，在大起义之后衰落下去，儒学与阴阳五行之说、方士之术分道扬镳，不能不说是思想发展史上的一大进步。

在有关这次大起义的研究中，黄巾口号和黄巾起义与道教的关系是十分引人注目的课题。

"苍天已死，黄天当立"究作何解释？汤用彤认为基于五德终始说，是张角想应土德而王。① 周谷城《中国通史》主张是迷信传说，以煽动群众。郭沫若《蔡文姬》之序则提出是天命论的反映。而贺昌群《论黄巾起义的口号》则申明谶言说。侯外庐《中国封建社会史

---

① 见《汤用彤学术论文集》。

论》则以为是神学异端。而田昌五《中国古代农民革命史》又认为是宣扬农民的理想世界。对此刘久生《黄巾口号之谜》，独辟蹊径，将天文历数引入五德终始说，认为"以黄代苍"是指甲子年春土木二气的变化更替。这个口号既指明起义年份，也隐有起义的具体的月和日，是发动农民大起义的秘密通知，是一个由时间—空间构成的谶言体系，颇有启发性。此外刘序琦《谈"苍天已死，黄天当立"》又认为"苍天"实乃"赤天"之误。

以道教为掩护发动农民起义，在中国历史上这是第一次。杨宽《论太平经》一文提出，《太平经》是我国第一部农民革命的理论著作。对此有许多人提出异议。熊德基《关于〈太平经〉及其同黄巾等关系的研究》认为，《太平经》和张角创立的"太平道"就其思想内容而言，绝不相似，甚至是对立的。钟肇鹏《论〈太平经〉和"太平道"》又认为，《太平经》的主要内容是肯定封建的等级制，维护君权统治，宣扬阶级调和，其基本内容是和农民革命相对立的。所以，说它是第一部农民革命的理论著作显然是错误的。但是张角确实利用了《太平经》中的平等、平均词语和思想资料，创立了"太平道"。因此说两者毫无关系，也是难以令人信服的。此外，卿希泰《太平经中反映农民愿望的思想不能抹杀》[①] 强调，《太平经》从政治效果上讲，是反映了农民的愿望，应予以肯定。而金春峰《论太平经》和刘琳《论〈太平经〉的政治倾向》[②] 则认为，《太平经》的社会思想是以神学形式出现的儒学思想，代表了地主阶级中下层的利益和要求，说它反映了农民的要求和愿望，是违背事实的。

又杨剑宇《后期黄巾起义之考察》别具特色，值得一读。

[①] 《社会科学研究》1981年第5期。
[②] 刘文载《社会科学研究》1981年第4期。

（3）让步政策

"让步政策论"于20世纪50年代初由翦伯赞首先提出。"文革"前夕，孙达人发表了《应该怎么估价"让步政策"》一文，针锋相对地提出"反攻倒算论"。如何看待汉初的政策，近年来，又有许多人发表了不同的意见。熊铁基《西汉初没有实行过让步政策》一文认为，约法三章是用法律规定了地主有压迫农民的权力，"轻徭薄赋"实际上既不"轻"也不"薄"。所以可以说汉政权建立的本身，就是对秦末农民起义的反攻倒算。孙祚民《论"让步政策"和"反攻倒算"》则进一步重申肯定的意见，而窦连荣《就汉初政策论让步政策与反攻倒算》又折中二说，以为汉初的政策和措施，与秦王朝酷政相比，是作出了"让步"；而同农民起义过程中所取得的胜利成果相比，又可以说是"反攻倒算"。二说看问题的角度不同，所以结论不同。

5. 民族关系和中外关系

在秦汉史研究中，民族关系和中外关系是两项重要内容，近年来取得了比较大的进展，无论在数量或质量上都有较大提高。

（1）民族关系

秦汉时期王朝疆域之外的少数民族的活动，应不应该当作中国历史的组成部分？这有着截然相反的两种不同意见。敬东《两汉时期三种不同性质的和亲》和孙祚民《处理历史上民族关系的几个重要原则》二文都认为，凡未归属汉朝之前的少数民族，不能视为国内民族，他们的国家与汉朝的关系，可根据具体情况分别视为敌对国家或友好国家。而林甘泉《研究秦汉史从何处入手》一文则主张，不能把秦汉时期的中国和秦汉王朝等同起来。也就是说秦汉时期中国的少数民族的活动都是当时中国历史的一部分。这一主张代表了大多数研究者的意见。此外，林甘泉还指出：应该历史地、实事求是地看待统一的多民族国家的形成和发展。秦汉时期少数民族和中原王朝的关系大致可分被征服并改置郡县,向中原王朝臣服,保持独立政权或处于敌对状态等三种情况。对于秦汉王朝和少数民族之间的战争的性质,应作具体分析。但不论其性质如何,都是我国历史上的民族斗争。在阶级社会里,不可能存在平等的民族关系。秦汉王朝对一些少数民族的征服,是民族压迫的一种形式。但这对巩固国家的统一,促进少数民族地区的开发,以及少数民族社会经济的进步,都起了积极的作用。上述观点对如何正确理解秦汉时期的民族关系,具有重要的参考价值。

匈奴及西域诸少数民族与秦汉王朝的关系,无疑是民族史研究的重点。

关于匈奴族的来源,舒顺林《匈奴故地初探》一文,不同意匈奴族原在中原,后来向北迁徙;或兴起于漠北,再转向漠南;以及本为西方少数民族等说法。他认为,从战国到两汉,河套阴山地区就是匈奴的发祥地,今和林格尔直北数百里即为单于故城。

关于匈奴的社会性质,马长寿《论匈奴部落国家的奴隶制》和林幹《匈奴社会制度初探》[1]、莫任南《关于匈奴奴隶制的若干问题》等论文,都认为匈奴处于奴隶制阶段。而欧阳熙《匈奴社会的发展》则认为是处于半封建半家长制社会。[2] 与此相联系,吴平凡《上古西域诸国也是奴隶制城邦》认为,西域诸国都是奴隶制城邦。王炳华、王明哲《乌孙历史上几个重大问题的探讨》也认为,西汉乌孙是一个宗法性很强的建立在游牧经济基础上的奴隶制社会。而何芳川《试谈两汉时期西域诸国的国家形态》则认为诸国中五分之四不具备城邦的

---

[1] 马文载《历史研究》1954 年第 5 期。林文见《匈奴史论文选集》。
[2] 载《华东师大学报》1958 年第 4 期。

资格。

在汉与匈奴战争的性质问题上,过去一般认为汉武帝发动的对匈奴的征伐战争是正义的,而对其他各族的战争都带有不同程度的扩张和掠夺性质,但客观上有利于统一和各民族间的经济文化交流。此外,侯广峰《"匈奴不灭,无以家为"不是爱国主义的口号》和孙晓青《"匈奴不灭,无以家为"是爱国主义的口号》对反匈奴战争的性质,提出了针锋相对的不同看法。

"和亲"也是争论的焦点。20世纪60年代初,翦伯赞、林幹等人都认为"和亲"有利于民族间的友好往来和经济文化交流,应该予以肯定。近年来,彭年的《从"平登之围"到"马邑之谋"——论高惠文景四代汉朝与匈奴的关系》和白音查干的《匈奴背约南侵考》都认为,"和亲"是出于双方的友好愿望。然而尚一《不宜苛责匈奴》则认为,"和亲"对汉朝有利,西汉统治者可以借机休养生息,并将势力打入单于庭,而对匈奴构成威胁。但是贾东海《怎样认识民族和民族问题的实质》却主张,西汉"和亲"是被迫的,"和亲"后匈奴入侵不已,因而对于汉政权没有多大的意义①。施伟青《关于西汉政府与匈奴和亲的若干问题》也认为,"和亲"是汉弱匈奴强的结果,使匈奴收益较多,汉王朝收益较少。肖黎《也谈如何评价西汉"和亲"问题》则主张,对于西汉"和亲"政策,应根据不同历史时期的不同条件作具体的分析。汉武帝以前是出于被迫,后来则被视为处理民族关系的手段和策略。"和亲"的目的、效果、作用,主要取决于各个时期西汉国力的强弱,不能笼统说是西汉统治者主动采取的民族友好措施。

---

① 《西北民族学院学报》1980年第1期。

此外，刘光华《也谈汉代的乌孙》①、潘策《秦汉时期的月氏、乌孙和匈奴及河西四郡的设置》、白凤岐《试论匈奴与西域的关系》、哈建华《有关西域都护建置年代问题》、侯灿《汉晋时期西域的戊己校尉》等文，也对汉、匈奴、西域的复杂关系作了有益的探讨。

有关秦汉其他少数民族的论文数量相对少一些，但其中也有佳作。

张荣芳《略论汉初的南越国》探讨了南越国的地理范围、性质和与汉王朝的关系，肯定了赵佗开发岭南的历史功绩。② 另外余天炽《南越国"和辑百粤"民族政策初探》、章士成《西汉时期闽越社会经济的探索》和杨盛让《从民族关系看南越相吕嘉的抗汉行动》等，都各具特色，可供参考。

蒋廷瑜《西林铜鼓和汉代句町国》一文，对这个联系汉代岭南和西南夷的小邦国作了开创性的探索。而汪宁生《晋宁石寨山青铜器图象所见古民族考》、蒙默《试论汉代西南民族中的"夷"与"羌"》、刘光汉、陈久金《汉代"白狼夷"的族属初探》都是研究汉代西南夷族属的重要论文。胡振东《关于滇王国的地域及其与西汉王朝的政治关系》，也值得一读。

王俊杰《论商周的"羌"与秦汉魏晋南北朝的"羌"》认为，秦汉的羌是河湟地区土著游牧部落的泛称，与商周的羌没有渊源关系，是一个处于军事联盟阶段的正在形成中的民族。有关东汉与羌族关系的论文还有陈可畏《略论羌族与东汉战争的性质》、何湟《关于东汉时期羌汉战争的性质问题》、余尧《东汉羌人起义》都有一定参考价值。

---

① 《新疆大学学报》1981 年第 3 期。
② 《秦汉史论丛》第 1 辑。

关于秦代民族政策和民族关系的研究比较薄弱,近年来才有一些转变。吴永章《从云梦秦简看秦的民族政策》一文认为,秦在中央置属邦一职,在民族聚居的地区设道,并通过臣邦、君长对少数民族实行统治。又以联姻关系以加强控制。罗开玉《秦在巴蜀地区的民族政策试析》又认为,秦不掠取少数民族为奴,实行因势利导、怀柔与抑制并重的政策,并辅之以大规模的经济建设,是比较有远见的。又郭在忠《秦始皇经略岭南越人地区述议》则认为,秦用兵岭南,代价高昂,促进了秦的速亡。但从总的方面看,有利于多民族国家的形成,有积极的历史意义。洪建新《秦代北向户考》则认为,象郡的居民不是百越族,而是占人。

(2) 中外关系

丝绸之路是秦汉中外关系史研究中的热门课题,有关文章较多。其中张传玺《汉唐丝绸之路》较为全面论证了丝路的史地沿革、行政设置及汉唐政府与西域诸民族和西亚、欧洲的贸易文化交流情况。王云度《丝绸之路始辟于何时?》认为,考察丝绸之路的起源,不能过分强调于丝绸贸易路线是否形成,事实上东西方交通路线的形成并非一条丝绸贸易路线。先秦时期,对西域的地理已有了一定了解。战国时中原文化已传到遥远的西方。秦统一后,与西域关系更为加强,《大宛列传》所言"秦人"当是移居西域的秦人的后代。所以说丝绸之路始辟于秦,而盛于汉唐。李镢《沿和田河纵贯大沙漠的古商道》首次指出,横贯塔克拉玛干大沙漠还有一条自汉代就存在的古商道。它起于于阗,沿和田河北上至和田河与塔里木河会合处,再结合丝路北道至河雅、龟兹,西至姑墨、温宿。

有关中外关系的重要论文还有孙毓棠的《汉代的中国和埃及》、赵克尧、范邦瑾的《汉唐时期中国与师子国的关系》、周连宽和张荣芳的《汉代我国与东南亚国家的海上交通和贸易关系》等文。孙文认为犁轩即指埃及亚历山大城,中埃交往当始于张骞出使西域后不久。赵、范之文则论证了公元 2 世纪 30 年代遣使贡献的叶调国,就是古代文献中的僧伽罗、师子国,位置在今日的斯里兰卡岛。而周、张之文则探讨汉武帝时大规模开展海上交通,至东汉时,中国商船已能渡过马六甲海峡,横跨孟加拉湾或印度洋,到达大秦的历史。而莫任南《甘英出使大秦的路线及其贡献》、张增祺《战国至两汉时期滇池区域发现的西亚文物》、水天长《略论大月氏贵霜帝国的建立及其族系问题》、余太山《条支、犁轩、大秦和有关西域地理》等文,也都有较高参考价值。

6. 思想和文化

继战国百家争鸣之后,秦汉时期封建专制主义中央集权制的确立,使思想文化领域中也逐渐形成文化专制主义。反过来,其影响又波及社会的各个领域,出现了许多引人注目的变化,自然也成为秦汉史研究聚讼纷纭的场所之一。

有关秦始皇"焚书坑儒"的评价,至今依然存在较大分歧。翦伯赞《秦汉历史上的若干问题》和林甘泉《论秦始皇》都认为,秦始皇"焚书坑儒"虽粗暴,但起了巩固专制主义集权制度的积极作用。钟肇鹏《焚书考》也认为,"焚书"乃是韩非、商鞅等法家的一贯主张,秦始皇这样做是为了巩固封建政权,在当时具有其正当性。但是用粗暴办法,不仅不能达到统一思想的目的,反而促使秦王朝速亡。对此李桂海《秦始皇焚书值得颂扬吗?》则指出,"焚书坑儒"是一种野蛮的文化专制主义,不应颂扬。这一观点代表了当今大部分人的意见。杜绍顺《关于秦始皇焚书问题的两点质疑》一文,进一步认为"焚书"与分封制、郡县制之争没有实质性的联系,用焚书统一思想,并不是统一于法家思想,而是为了维护皇权的绝对权威,因此不能予以肯定。

一般认为秦以法家思想治国、排斥儒家。但王云度《试论儒家在秦代的地位和影响》、李裕民《秦统治者绝对排除儒家思想吗?》都认为,儒家在秦并未始终受排挤,还是有很大影响的。可资参考。又秦是否崇尚水德说,呼林贵《秦尚水德说质疑》和林剑鸣《秦尚水德说无可置疑》提出了截然相反的看法。

《吕氏春秋》一书的思想在秦国曾产生过较大影响。方诗铭、刘修明《论〈吕氏春秋〉》① 认为,《吕氏春秋》是秦统一前杂家的代表作和集大成者。它包容了先秦诸子中各家的学说,但不成一家。这正是中国前期封建社会从诸侯割据向专制主义统一国家过渡的产物。熊铁基《秦汉新道家略论稿》则认为,《吕氏春秋》的政治理论主张集中、统一,而又反对君主专制。实质上不是"杂家"的代表作,而是与老庄既有联系又有区别的"新道家"。其主要区别是由批判儒、墨变成了"兼儒、墨,合名法",由"逃世"变为"入世";把天道无为的思想创造性地运用到人生和政治上去。后来发展为汉初的黄老思想。田昌五《吕不韦和〈吕氏春秋〉》② 也认为,它是吕不韦为秦王设计的一幅政治蓝图。汉初"黄老政治"可以说是《吕氏春秋》的修订版。之所以被误认为是"杂家",是因为他把道、儒等思想结合得不好,有机械拼凑之感。

张维华《西汉初年的黄老政治思想》认为,西汉初年的黄老思想是适应汉初政治上约法省禁、休养生息的形势的。其在老子学说的基础上,吸收了各家学说,形成了所谓新道家思想。虽有许多消极思想,但在汉初特定的环境中,有一定的用处。许抗生《略论黄老学派

---

① 《社会科学》(上海) 1981 年第 1 期。
② 载《西北大学学报》1981 年第 1 期。

的产生与演变》认为，西汉初由于黄老讲"法治"，实际是讲宽政、恕政，符合战乱后的时代要求，所以被采用。武帝以后，遭到排斥，但对王充影响较大。又陆贾《新语》过去都认为是儒家之作，熊铁基却认为是具有黄老倾向的新道家的代表作。而苏诚鉴《陆贾〈新语〉的真伪及其思想倾向》和张志哲、罗义俊《论〈新语〉的黄老思想》都认为，《新语》是汉初黄老无为政治理论的代表作。

汉武帝接受董仲舒建议，"罢黜百家，独尊儒术"，是秦汉政治思想上的大转折，也是中国古代思想史上的重要里程碑。对此问题，研究者甚多。林甘泉《从百家争鸣到独尊儒术》一文，是一篇全面探讨儒家思想成为封建社会统治思想的全过程的重要论文。他认为儒家思想的地位和作用的变化，是由它在多大程度上能满足当时统治阶级的政治需要来决定的。同时政治权力对于意识形态的干预和改造，如果违反了规律，就要失败，如秦始皇的法家政治。而武帝顺应了发展规律，取得了成功。可见任何一种统治思想的确立，都不能单纯依靠暴力。臧云浦《略论秦汉统治思想的两次重大转变》则提出，秦汉时期统治思想从秦末至元帝，从王莽至章帝，曾出现过两次由阴阳五行说为主到儒学为主的大转变。从中可以看出：占统治地位的思想必须与当时政治、经济发展相适应，才会有积极作用；古代统治者往往根据形势，采用多种有利的思想因素；而要改造一个时代思想体系，必须从改造经济体系入手。苏俊良《略论秦汉专制皇权的神化》[①]又认为，秦汉所确立的以儒家为核心而与法家、阴阳诸说相结合的统治思想，神化了皇权。

关于董仲舒的思想，翦伯赞《秦汉历史上的若干问题》一文，把战国时期儒学和董仲舒的儒学作了比较。他认为两者间的区别有以下

[①] 《历史教学问题》1983年第5期。

四点：一是战国时的儒家只是百分之一，而武帝以后儒学经典已被当作真理。二是战国儒学要与百家论战方可图存，并由此不断充实发展，而董仲舒以后，则神圣不可侵犯，发展也随之停止。三是战国儒家多谈实际问题，汉以后却加强了玄学的成分。四是战国诸儒谈论政治，是为了追求"真理"，不图名利，而汉以后儒者却把儒家哲学当作政治的敲门砖。

董仲舒是公羊学的著名学者，所以苏诚鉴《汉武帝独尊儒术考实》认为，汉武帝的独尊儒术，主要是尊《春秋》公羊学。《春秋》公羊派强调"大一统"思想，正合武帝心意。王举忠《董仲舒的哲学与汉武帝封建大一统的关系》也认为"大一统"思想适应当时政治、经济发展的需要，起到了维护中央集权制的作用。黄宛峰《略论贾谊的礼治思想》又指出，贾谊总结秦亡教训，提出一套"礼治"的思想，未被当时统治者所接受，但被董仲舒所继承，并付诸实际。这一观点应引起重视。郭志坤《评汉武帝独尊儒术》则认为，董仲舒的思想已糅合了各家各派的主张，成为博采百家、自成一体的思想体系，其内容十分丰富，又符合时宜。李奎良《董仲舒"更化"思想初探》颇具特色。① 他认为董仲舒的"更化"思想与改良不同，是处于上升时期地主阶级的自我调整。他第一次提出了完整的更化理论，成为封建社会改良思想的先驱。他又第一次提出了调整土地关系的思想，揭露了在地主阶级上升阶段，地主阶级与农民阶级已是根本对立的敌对阶级，而柯兆利《董仲舒宗天政治学说及其理论渊源》一文，认为董仲舒作为哲学家是蹩脚的和庸俗的，作为政治家却是成功的。《春秋繁露》先讲政治，其次讲哲学，提高天上的权威只是为了限制地上的权威，组织天国的秩序是为了

---

① 《河北师院学报》1981年第3期。

整顿帝国的秩序。

王充是东汉著名的唯物主义思想家。吴泽《王充的唯物主义哲学思想》在总体上予以肯定后，又认为王充提到"事有不可知"或"不可知之事"，说明他在认识论上陷入了唯心主义和不可知论。[①] 吕大吉《王充的认识论的一个问题》进行了反驳，他认为所谓"事有不可知"或"不可知之事"，是针对神秘的预见和"生而知之"论的，不能以此说王充陷入不可知论[②]。关于王充思想的学派归属问题，争论已久。周桂钿《王充究竟属于哪一家?》认为，用不着拿先秦诸子百家的框框去套王充，硬说王充属于古文经学、今文经学、儒家、法家、道家、杂家。他取诸家之长，自成一家，即唯物主义哲学家。此外，王生平《王充和董仲舒针锋相对吗?》一文，对两个思想家的思想体系的同异，作了全面的比较，指出王充和董仲舒都认为《春秋》可以作为施政原则，都赞成今文中的"公羊"学派。虽然王充批判了"天人感应"中的"谴告"，但又承认"雩祭"和"土龙致雨"。所以王充并没有与董仲舒针锋相对，相反在主要观点上王充推崇和发挥了董仲舒的思想。

自西汉中叶以后，谶纬之说盛行起来。但学界有关研究长期以来却显得不够。吕宗力《东汉碑刻与谶纬神学》则作了比较深入的探讨。他认为谶纬神学包含有许多今文经说和儒学的礼乐制度，又包含有地理、医学、农学、数学、民间信仰等方面的内容。这种各个学术领域的渗透，成为东汉思想的主要特征。在汉碑中表现尤为明显。谶纬具有强烈的现实政治色彩，在东汉是豪族和官僚士大夫对抗皇室和宦官的重要思想武器。由于谶纬学动辄讲"革命""革政""五德更

---

① 《华东师大学报》1956 年第 2 期。
② 《光明日报》1956 年 9 月 6 日。

替",所以与中央集权专制政府水火不相容。魏晋以后,就逐渐退出了历史舞台。

在史学方面,评论主要集中在司马迁《史记》和班固《汉书》两部名著上,重要的专著和论文不胜枚举。其中白寿彝的《史记新论》、程金造的《史记管窥》、肖黎的《司马迁评传》和《历史研究》编辑部所编《司马迁与史记论集》都较有参考价值。另外肖黎《三十五年来史记研究述评》[①]一文,对1949年以来《史记》研究的成果作了详细的介绍,足资利用,故此不赘述。

值得一提的是白寿彝的《司马迁与班固》同题的三篇文章。[②] 其主要特点是:(1)精辟地分析了《史记》的人民性;(2)全面深入地对马、班作了比较研究,认为《汉书》不像《史记》把汉的建国放在历史发展过程中去考察;又以天人感应的神秘学说取代《史记》"究天人之际,通古今之变"的进步内容,宣扬了永恒不变的唯心史观;还强调封建性以替代《史记》的人民性,因此马、班并举,是很不相称的。

关于《汉书》的研究相对《史记》研究,显得较为冷落。冉昭德《班固与汉书》一文是较有代表性的论文。他认为班固能从人民的利害关系去衡量政治得失,从经济关系去论述历史,是值得肯定的。牛致功《怎样认识班固的历史观》则反驳说,班固是以地主阶级的利害关系来衡量政治得失的,无关怀人民的思想可言。近年来,安作璋《谈谈班固在史学上的主要贡献》一文,肯定了班固在纪传体史书编写及史学思想方面的贡献。他的《班固与汉书》一书,是当前班固研究的集大成之作,值得一读。

[①] 见《司马迁评传》一书,为代序。
[②] 分见《人民日报》1956年1月23日,《北京师范大学学报》1963年第四期,《山西师院学报》1979年第3期。

秦汉社会风俗史方面的研究刚刚起步，有上升趋势。林剑鸣主编的《秦汉社会文明》、史树青的《两汉社会生活概述》、韩养民的《秦汉文化史》都是较为重要的研究专著。此外，李向平《秦汉家庭形态初探》一文，通过对秦汉家庭形态的分析，研究了秦国的统治结构、统治方式。彭卫《论汉代婚姻关系的形成》则研讨了汉代婚姻状态的特点和法规。黄展岳《汉代人的饮食生活》及续篇，以考古资料为主，对汉代各类农作物的分布区域、当时的主食、副食和其他食品作了较为全面的探索。宁可《汉代的社》又利用碑刻资料，对社的起源及其在汉代的形式、作用和阶级关系，作了独到的研究。而葛剑雄《西汉人口地理》一书和袁祖亮《从人口数量规模变化规律看中国古史分期》《西汉时期人口自然增长率初探》等，都从人口地理学角度，对汉代的社会结构及其规律作了别开生面的探讨，很有新意。

7. 历史人物评价

秦汉史研究中有关历史人物的评价文章很多，但主要集中在几个少数政治人物身上，现分别介绍于下。

（1）秦始皇

杨宽《秦始皇》一书对秦始皇作了较为全面的探讨，是20世纪50年代秦始皇研究的代表作。马元材所著《秦始皇帝传》，则对有关秦始皇生平事迹的史料作了系统的整理。书中考证部分所阐述的一系列观点，时有可取。

改革开放之初，评论大多集中在秦始皇的功过问题上。林甘泉《论秦始皇》以为他一生功大于过，金立人《评秦始皇》则以为过大于功，而刘泽华等《论秦始皇的是非功过》又以为是功大过亦大。简修炜《试析秦始皇历史作用的转变》一文，则认为秦始皇前期是有丰功，中期是功过相间，晚期乃是显过。秦始皇促进了秦的统一，又加速了秦的灭亡。总观其一生,还是功大于过。

至于秦的速亡,周年昌《"四人帮"神化秦始皇驳议》认为,根本原因是秦始皇为代表的封建地主阶级实行专制主义残暴统治的必然结果。魏文清《秦亡探源》又认为,秦亡的原因主要应从秦始皇和二世的残暴统治中去探讨,同时也应从秦的先世残酷统治中去寻求根源。

秦始皇的"车同轨,书同文",过去一直认为是强化国家统一的重要措施,近年却有了不同的看法。谭世保《秦始皇"车同轨、书同文"新评》认为,他只是规定了各种车辆的形制和诏命的格式必须符合礼制法规,而与统一车轨和文字毫不相干。晁福林《如何评价秦始皇"书同文字"的历史作用》又认为,秦始皇用小篆来统一文字,是对当时文字发展潮流的反动。因为六国文字并不太紊乱,而且"文字同形"是主流。秦代隶书最符合当时文字发展的潮流,统一也该以其为基准。

(2) 刘邦

在楚汉之争中刘、项的成败是非问题上,以往学者往往认为项羽代表落后势力,搞分封是开了倒车,而刘邦则顺应了历史潮流,所以胜利。对此,刘泽华、王连升《论刘邦》认为,刘项之争,纯属偶然,何胜何负,决定于他们各自的主观因素,是历史偶然性的表现。赵文润《重评刘邦、项羽的成功原因及其是非功过》也强调了个人的主观因素。他以为刘、项在秦末大起义中,都是农民革命的领袖;灭秦后,又都成为地主阶级的代表人物。项羽败在用人唯亲,不讲策略;刘邦胜在长于权术,善于用人。项羽虽败,历史功绩不应抹杀。

对于刘邦多杀功臣问题,有一些人以为是刘邦出身农民,心胸狭隘所致。邢凤麟《刘邦、朱元璋多杀功臣是由于他们是农民出身的皇帝吗?》认为,刘邦多杀功臣,是因为西汉建国初,领导集团的构成比较复杂,多种矛盾比较尖锐,争夺最高统治权的斗争比较激烈,而刘邦个人也急功近利等原因所致。①

(3) 吕后

对于吕后的评价，邓经元《怎样评价吕后》提出，在揭穿"四人帮"美化吕后的幕后政治阴谋之后，按历史的本来面目客观地评价吕后，就主要方面来看，吕后还是一个应该肯定的人物。冯惠民《重评吕后》也认为，吕后是个治世有方的政治家。吕尚宇《批判江青必须否定吕后吗？》又指出，以公元前187年高后临朝为界线，此前应肯定，此后应否定。而裴洛《吕后的发迹、权术和倾覆》、周修睦《吕氏评传》则都取全盘否定的态度。

(4) 汉武帝

全面评述汉武帝一生的专著，较重要的有张维华的《论汉武帝》。

对于汉武帝加强中央集权，坚持以武力对抗为主要形式的有关匈奴的政策，执行"重农抑商"、盐铁官营、打击豪富的措施，以及善于用人、广罗人才等，大多数评论者都持肯定的态度。而在某些具体问题上，也有争议。如胡刚《论西汉对匈奴政策的变迁和得失——兼评汉武帝的历史作用》就指出，汉武帝通过军事冒险使自己名垂史册，又使他的外戚有建功封侯的机会，甚至还有迷信思想从中作怪，给汉和匈奴双方人民带来了极大的灾难，又阻碍了社会生产的正常发展，没有什么值得肯定的东西。王连升《关于汉武帝评价的两个问题》也有相同的看法。

关于汉武帝晚年"改过"一事，王云度《评价汉武帝必须注意其晚年的转变》认为，这种转变不仅缓和了当时的社会矛盾，而且为"昭宣中兴"奠定了基础，使西汉中后期的经济不断发展。田余庆《论轮台诏》对此也给予了高度的评价。

---

① 《齐鲁学刊》1982年第2期。

(5) 王莽

对于王莽的评价肯定者少，否定者多。孟祥才的《王莽传》就是全面否定王莽的典型代表作。此外如张志哲等的《王莽与刘秀》则认为，王莽改制不是一场有社会意义的改革，而是西汉外戚政治的一个产物。韩玉德《关于王莽研究的几个问题》又认为，王莽的土地改制从内容到形式都背离了西汉社会的封建性质和客观经济规律。币制改革也是理论上最混乱、实践中最具危害的措施，六筦政策更是极为残忍、极其诡诈的杀人手段，所以导致了人民起义，新朝覆亡。赵靖《中国经济史上的一个怪胎》则认为王莽是地主阶级最腐朽集团的既得利益的代表。李竞能《王莽的经济改制及其经济思想》又指出，王莽的经济思想虽切中时弊，但又没有什么新东西。

与此相反，近几年肯定王莽的呼声日高。葛承雍《王莽的悲剧》认为，王莽是个独具卓见的改革家。其改革始终是针对大地主阶层的，但结果却变成了对人民的一场浩劫，酿成悲剧。肖立岩《略论王莽及其改制》则强调，王莽实行王田制的见识和勇气，是难能可贵的。徐志祥《王莽改制再评价》又指出，不能全盘否定王莽，改制中的实行"王田"，限制奴婢，均无可厚非。"五均""六筦"客观上也起到缓和阶级矛盾的作用。陈绍棣《试论王莽的改币》认为，王莽改币不是心血来潮，而是经济发展的必然产物。五次改币中的后二次是有进步之处的。失败的原因一则是主观妄为，违反货币规律，以及用人不当，吏治腐败。一则是富商大贾的破坏和连年灾害的袭击。

(6) 刘秀

对于刘秀的评论主要是粉碎"四人帮"以后的事。张志哲等的《王莽与刘秀》在比较两人的作为之后，强调刘秀是顺应民心的进步势力的代表。此外，臧嵘《关于光武中兴》、陈德光《还历史本来面目——关于刘秀评价的几个问题》，都肯定了刘秀在西汉末农民起义和推翻王莽政权斗争中的卓越贡献,也肯定了他中兴汉室的历史功绩。

关于刘秀在反王莽起义中的身份问题,余宗超《刘秀——农民战争的杰出领袖》、高景新《也评刘秀在西汉农民起义中的历史地位》都认为,刘秀不仅是一位封建政治家,也是一名有胆有识有策略的农民革命领袖。而林正根《刘秀是反新莽起义的地主领袖》则持相反的看法。

此外,王铭等《刘秀用人与东汉的统一》、赵忠文《论刘秀用人》都肯定他用人得当,所以既能夺取天下,又能巩固统一。

有关秦汉著名人物的评价虽取得了不少成绩,但无庸讳言,无论从深度还是广度,以及准确性来说,大都不能令人满意。人云亦云、片面化、概念化的品评,在其他人物的评价文章中,也不同程度地存在,亟待改变。

8. 近年秦汉史研究的新趋势及应注意的问题

进入 20 世纪 80 年代以来,史学界普遍感到原有的研究领域过于狭窄,研究课题过于陈旧,研究方法和手段也形成固定不变的模式而不求进取。结果造成研究成果虽连篇累牍地发表,而优秀的论著却寥寥可数的局面。表面上的繁荣是掩盖不了实际上的冷落的。史学研究不但与当前飞跃发展的时代不相适应,形成了很大的隔膜感;而且史学的价值也随之低落,在读者中,尤其是在青年读者中的影响日趋衰微。于是"史学危机"的惊呼骤起,有志于史学改革的人在频敲警钟之余,纷纷探索突破"危机"的方法,形成了史学方法论研究和实践的高潮。在这一改革浪潮中,西方社会流行的控制论、系统论、信息论等自然科学的研究方法和历史计量法、比较研究法、结构研究法等新兴社会科学研究方法,不断被介绍到我国史学界中来。同时借鉴社会学的方法，心理学方法、人口学方法，开创历史心理学、社会历史学、历史人口学等新学科，也一时蔚为风尚。这种变化，有力地推动了我国历史科学的发展，自然也在秦汉史界引起重大的反响。

林剑鸣在1986年底召开的秦汉史研究会第三次年会上，发表了《从价值系统看秦文化的特点》的演讲。鉴于国外不少学者已把价值论运用到历史研究中去，并取得一系列成果的成功经验，林剑鸣采取了与一般我国学者惯用的从经济方面、政治方面、阶级关系方面进行历史分析的基本途径不同的渠道，试从价值系统方面进行了初步的探索。他认为文化一般可分物质方面、制度方面、风俗与道德，思想与价值系统四个由浅入深、由表及里的层次，文化的转移也按这些层次进行。与西方文化的不断向外界渗透，重视生产和实践，轻视内心修养，"重功利，轻仁义"的"外倾"特征不同，中国文化则具有"内倾"的特点，即主张止、定、静、安，重视个人自我修养，轻视生产和实际，"重仁义，轻功利"。然而秦文化却与中国固有传统不同，具有其特殊性。首先它缺乏严格的宗法制，所以秦国改革的阻力小，也利于"用人唯贤"，由弱变强。它又轻伦理，重功利，不注重个人的道德和修养。因而重视生产，鼓励战斗，无论是财力还是兵力都足以决定其必然一统天下。但在思想和伦理方面却显得浅薄幼稚，人品也缺乏涵养。它还具有唯"大"的价值观，因此宫殿大，陵寝大，以至国家领域也要大，"大"到无以复加。这也是秦要建立统一的中央集权的封建国家的重要原因之一。而东方六国却不是都同样愿意并可以做得到的。以上观点尽管尚有可商榷之处，但确实在秦汉史研究中吹进了一股清新的空气，给人以启迪。

又如马克尧用中外历史比较法，把秦汉帝国与罗马帝国作了全面的比较分析，从而得出秦汉社会是奴隶社会的结论。刘久生利用天文历算等自然科学知识及其分析方法，研究了黄巾口号中的实际含义。袁祖亮则从历史人口学角度，探究了战国秦汉时期中国人口数量规模突破性的增长的原因及其影响，而得出中国古史中奴隶制和封建制的分期，应该是不早于战国、不迟于西汉的论断。葛剑雄的《西汉人口地理》更把人口历史学与历史地理学结合起来，全面考察了西汉人口地理的几乎所有问题，进一步从行政制度包括人口调查制度方面，肯定中国封建社会始于秦汉之前。以上成果的问世，都在不同程度上带动了有关问题研究的深入展开。

同时，谢国桢、林剑鸣、韩养民等改从社会史、文明史、风俗史等领域入手研究秦汉史。黄金山、彭卫又把家族史作为研究的突破口，透视秦汉社会结构。余华青则对农、林、牧、副、渔及手工业等具体生产部门，逐一进行深入的发掘，力图揭示秦汉经济发展的水平和规律。都大大开拓了秦汉史的研究领域，打破了旧有的框架体系，使秦汉史研究向着多层次、立体化、顺逆向综合性考察的方向顺利发展。

当然，我们也必须看到，这一方面的努力刚刚起步，对新方法的认识和使用也不够成熟，其发展趋势也局部出现疲软停滞的苗头。概括起来，原因大致有以下三点：

第一，对摆正新引进的方法与马克思主义史学理论和研究方法的位置的重要性，在一些人的心目中尚未引起重视，甚至有人有意无意地贬低马克思主义史学理论和方法对历史研究的指导作用，企图用西方的研究方法构成新的史学体系来取而代之。这样就势必本末倒置，逐渐走向另一个极端，而陷入困境。西方有用的经验应该吸收，但这毕竟是手段，而不是目的，不能代替我们观察问题、分析问题的基本立场和出发点。忘记了这个根本，不把新的研究方法有机地融入马克思主义史学体系中去，是不可能开辟无产阶级史学研究的新局面的。只有摆正了两者的关系，在实际研究中灵活运用，才能不断创新。

第二，打着"知识爆炸"、不能墨守成规的招牌，轻视打好坚实史料功底的作用，是影响新方法实施的又一重要原因。虽然我们不能再走乾嘉考据之学的老路，将毕生的主要精力都耗费在浩繁的史料堆中去，而应该尽量利用现代化的手段，把人从烦琐的落后的手工操作中解放出来。但是不论将来史料处理手段如何先进，不系统全面掌握史料，不通过艰苦的分析、比较、鉴别的复杂劳动过程，仅凭一知半解的浅薄知识功底，随手拈来的零七八碎的片段材料，而幻想取得突破性的研究成果，是没有不碰钉子的。历史科学是门老老实实的学问，一切投机取巧、急功近利的做法，都将对自己以及史学发展带来损害。

第三，缺乏对新研究方法的深入了解和消化过程，或不顾客观的历史事实，一味刻意模仿，生搬硬套；或不求甚解，玩弄新名词，摆摆花架子，以炫奇耀博，都必然经不起时间的考验。比如计量方法确实是历史研究的重要辅助手段。但中国的古代文献中，特别是秦汉文献中缺乏完整的数字资料，零散的数字资料的可信度也较低。对某些问题运用统计的方法作些探索是必要的，它可以作为我们下最后结论的参考，但不能盲目轻信，并孤立地作出决断，否则会将研究工作引入迷途。如目前秦汉经济史研究中极力夸大增高农业生产水平的估算，就是典型的例子。

出现上述问题，按事物发展的一般规律来说，是十分正常的现象，是任何改革过程中都会遇到的事情。不值得大惊小怪，更不应该指手画脚，妄加指责。尤其对那些绝少保守思想，勇于进行探索的青年同志，更应该鼓励他们的斗志，保持他们的锐气。同时也应该让他们清醒一下头脑，冷静地总结一下已走过的历程，及时总结成绩，吸取经验教训，改正错误，以便更加积极地去迎接新的更大的挑战。须知，秦汉史研究发展的希望就寄托在坚定的史学改革者身上。

另外，在秦汉史研究中，东汉史始终是个薄弱环节。虽屡经呼吁，仍起色不大。这不利于秦汉史研究的继续深入，应尽快予以改变。

由于有关中国台湾地区、香港地区秦汉史研究材料十分零碎，无法作出较为全面客观的评述，只好于此暂阙，仅在《基本书目》和《论文索引》中稍作介绍，以待来日续补。

（三）国外秦汉史研究概况

国外秦汉史研究以日本的水平较高，欧美国家的中国史研究专家大多侧重于明清史与近现代史的研究，所以有关秦汉史的成果甚少。由于种种原因，长期以来我们对国外秦汉史研究的了解是很不够的，近几十年才稍有改观。现择要予以介绍。

1. 日本秦汉史研究简介

关于秦汉社会性质问题，日本秦汉史研究者大多数认为是奴隶社会。在他们看来，秦汉帝国是父家长制的奴隶社会，作为国家奴隶的小农是它统治的基础，"里"是政权的最基层的组织。但也有少数人如浜口重国即认为是中世纪封建社会，其主要理由是作为最高的土地所有者国家的农奴或隶农的个体农民的人数，远比奴隶和佃农的人数多。

豪族问题一直是日本秦汉史学者十分重视的课题。

西嶋定生认为，当时的豪族是在一些具有较强的自律性质的地区，一面保持着强固的族的结合，一面又保持对附近的农民具有有形或无形的支配力。他们大多数是大土地所有者，由奴隶和佣耕者来耕作他们的土地，或者将土地贷与丧失土地的小农。汉代豪族的实态是以同族中特别有力的家族为中心，把同族的人集结为一个整体社会地方势力。豪族土地所有权并不属于这个同族的结合体。而是分属于其中的各个父家长的家族。其农业经营具有自给自足性质。这种经营不会只靠家长及其子弟劳动，因此必有担当农业劳动的农耕奴隶和佣耕者存在。由于豪族的富裕化和小农的贫困化，两者之间也发生尖锐的对抗关系。西汉初豪族要面对政府迁徙的压力和酷吏的打击，豪族一般以妥协的方式进入政府的庇护之下。由于政府的怀柔政策，使豪族子弟进入郡县的官僚机构。随着大土地所有制的发展，豪族成功地抵制了哀帝、王莽的改革。后汉时，掌握国家权力的高级官僚层中，豪族出身的人越来越多。他们利用自己的地位，来扩展豪族大土地所有制，结果国家权力遭到削弱。多数小农脱离国家控制，被包摄到豪族大土地所有制中，日益贫困化，于是引起了黄巾起义。

增渊龙夫认为，在"任侠"基础上，把父家长制的血缘关系扩大并拟制化而形成的豪族共同体，是秦汉社会基层最普遍的新共同体形式。西汉中期以后的豪族就是从这种共同体中孕育产生，并成为民间社会自律秩序的核心，也是支持秦汉奴隶制的基本社会条件。皇权与豪族间互相利用，互相依存，就基于此种原因。当这种关系破裂时，土豪就率领农民发动叛乱。

好并隆司则认为，乡里共同体的统治层可以用这样的图式表示：父老，即血缘共同体的首脑人物；闾里雄，即土豪；出身官僚的土豪，即豪族。土豪依靠"雇佣"和"借贷"的关系，实际上控制着共同体。

鹤间和幸则从汉代豪族势力的地域的不平衡性入手，认为关东、江淮、巴蜀三个地区由于邑共同体分解，作为大土地所有者的豪族的成长显著，而关中、北部和南部边郡三个地区本地豪族的成长难以得到确认。关中和北部边郡的豪族，是作为压抑豪族政策的一个环节，被"徙民"至位于大规模渠水灌溉区域的陵邑和国境附近的。这说明，"邑共同体分解—小农民的析出—豪族的成长"这一过程不能成立。小农经济是战国以来通过国家权力设置的新县作为主要的生产关系体现出来的，而豪族的经济是在旧县邑共同体崩溃过程中作为次要的生产关系成长起来的。小农经营的创设对统一权力的形成，大有关系。而豪族则偏重地域性，所以不能把秦汉帝国的性质视为封建国家。

秦汉简牍研究是日本秦汉史研究的又一个热点。

日本第一代简牍学者森鹿三于1951年曾成立了"居延汉简研究班"，培养出了一批现今知名的简牍学专家，如大庭脩和永田英正。大庭脩的《木简》和《木简学入门》二书，为普及简牍学知识作出了积极的贡献。

日本学者对于秦汉简牍的研究往往采用自由结合的形式，以某所学校、某位专家为中心，组成"研究会"或"讲读会"。如西嶋定生、池田温、林巳奈夫、古贺登、堀敏一、大庭脩都曾主持过这种"研究会"。这些"研读会"的研究程序一般分两步。第一步工作，是集体逐简释读，把校雠、整理、翻译、研究结合起来，认真细致地进行讨论。同时进行文献目录索引的编制、研究状况的介绍、简文的译注等各项工作。

第二步，开展专题性研究，写出有关专著。比如大庭脩即从秦汉法制史入手，将简文与文献结合起来，分别对秦汉的法律体系、秦汉律令的具体内容、汉代的立法程序、汉代的官僚制度、汉代的公文文书等内容进行了全面深入的探讨,形成《秦汉法制研究》一书。这是目前日本最有影响最具权威性的著作。

这种方法并不借重什么现代化科学手段,而是老老实实研读,一简一简地解决,集思广益,循序渐进。表面上看来平平淡淡,进展迟缓;实际上却十分科学,富有成效。目前在日本简牍学研究中小有名气的青年学者鹈饲昌南、藤田胜久、工藤元男、堀毅、籾山明、富谷至,都是通过这种办法培养出来的。这种研究方式值得我们借鉴。

日本当今秦汉史研究者的大致情况是这样的:

西嶋定生,文学博士,日本东京大学名誉教授。主要著作有《中国古代帝国的形成与构造》《中国经济史研究》《秦汉帝国》《中国古代的社会和经济》《中国古代国家和东亚世界》等。

大庭脩,文学博士,日本关西大学文学部部长、教授。主要著作有《秦汉帝国的威容》《木简》《木简学入门》《秦汉法制史研究》等。被誉为"简牍学泰斗"。

永田英正,滋贺大学教授。曾著《秦汉帝国》《项羽》《中国古代文明》等书。有关秦汉简牍的论文较多。

尾形勇,东京大学文学部教授。重点从事汉史研究,著有《中国古代的"家"和国家》《东亚之世界帝国》等书。

好并隆司,冈山大学教授。著有《秦汉帝国史研究》一书,是日本史学界独树一帜的名作。

福井重雅,早稻田大学文学部教授。侧重于汉代思想史、制度史、农民战争史的研究,著有《中国古代之叛乱》一书。

古贺登,早稻田大学第二文学部教授。专攻汉唐史。著有《汉长安城和阡陌、县乡亭里制度》一书,是用数理统计方法研究汉代制度的重要成果。

五井直弘,静冈大学教授,著有《豪族社会的发展》一书。

此外，宇都宫清吉（鹿尾儿岛大学）主攻秦汉社会经济史。影山刚（福井大学）主攻汉代商业和制铁、制盐等手工业。茨城大学副教授鹤间和辛、岛根大学副教授籾山明、大阪大学副教授富谷至则是后起之秀，在豪族研究和秦汉简牍研究中取得了不少成绩。

2. 欧美国家秦汉史研究状况简介

欧美国家学者的研究与中国不同，他们并不把自己局限于某一个断代史的狭窄范围内，所以你无法找到一个纯粹的秦汉史研究者。由于语言的障碍、文化的差异、思维方式的不同，欧美国家的研究起步较低，有特色的著作也不多。但是在美国已形成了一个以中年华裔学者为主的研究集团，并围绕《汉代中国丛书》，展开了一系列较有特色的探索，值得我们重视。

《汉代中国丛书》由美国华盛顿大学老一代汉学专家魏特夫教授为发起人。目前已出版了两卷，即瞿同祖所著《汉代社会结构》和许倬云所著《汉代的农业》。[①]

《汉代社会结构》一书的特点，是以社会成员的政治地位组成社会结构的基本框架。他分别介绍了皇帝、皇亲、贵族、政府官员、宦官、平民等各种社会等级的状况，以及社会成员身份的流动，其中有参考价值的观点有三点：

第一，书中明确了奴与徒身份的不同。他认为宫廷奴隶的劳动强度低于徒和役，但他们的工作需要一定的技术，且为朝廷所长期需要，这是做过罪犯的徒不能担任的。因为宫廷奴隶的工作是非生产性的。所以他们是政府和平民的负担。汉武帝曾鼓励臣民献出私人奴隶，以图摆脱财政上的危机。元帝时宫廷奴隶带来的收入足够支付汉

---

① 瞿同祖于1965年返回祖国定居，任职于中国社会科学院近代史研究所。

朝与西域打交道需要的开支。他还认为私人奴隶在农业人口中，只占很小的比例。

第二，客在汉代社会中经历了较大的变化。西汉前期，他们仍保持战国时期客的身份，得到主人的礼遇，不事生产。西汉末，有的客开始成为主人的家臣或经济活动的委托人，有的则被迫到田间劳动。但很多客在西汉末的反王莽斗争中，成为重要的力量。刘秀的军事力量就由于客和族人的参预变得十分强大。进入后汉，客逐渐与部曲沦为一等，甚至出现"奴客"一词。对此政府则采取宽容的态度，对不违法的客采取不干涉政策。

第三，本书又重点研究了六国旧贵族、王侯、外戚、显宦、富商、游侠六种类型的豪强。在他看来，六国旧家虽遭强迫迁居的打击，但新的强宗豪右又在其基础上滋生和发展。后汉的历史可以说是豪族的历史，他们的权力随经济力量、政治权力和家族规模的扩大而增长。最后后汉外戚、宦官、官员及学者之间的剧烈冲突终于让位于地方豪强武装力量的兴起，致使后汉统治的外壳被打破。这一点已引起西方学者的广泛重视，引起他们研究后汉到隋唐的大家族的兴趣。

《汉代的农业》一书，则试图用西方近年社会科学的理论和研究方法弄清古代农业经济的底蕴，建立汉代农业发展的模式，把握它的动向，并确定农村的和城市的下层社会生活和工作的范型。

许倬云认为，两汉未能保持战国时期商业、制造业的繁荣，而土地经济不可逆转地勃兴与扩展，显然不仅源于剩余劳动力流向农业，也源于资本流向农业发展的基本资源——土地。

在对两汉地主大土地所有制的看法上，有几点与众不同。即尽管政府采取种种措施，限制土地占有的试探遭到失败，不过直到哀帝时期，土地兼并没有导致产生社会危机。又两汉朝廷基本上维持住了对地主（包括佃农）和自耕农的控制，这种控制直到后汉末才被毁灭。

整个后汉时期都未曾试图限制土地占有。

在《农民的日常生活》一章中，运用统计的方法，认为佃农约占总人口的4%—20%，以农户有田七十亩，五口人，男劳动力二人为准，推算每农户每年需140斛谷物，全年服装费约5000钱，社会活动费为600—700钱。而农户每年应交的土地税3.5斛谷物，财产税为240钱多一点，每年交人头税600钱，军役和劳役的代偿费每年需1200钱，则需用钱支付税收的费用共2640钱。

他还认为两汉的人口密度是发展精耕细作农业方式的先决条件，又指出地主的致富愿望和自耕农、佃农在有限的土地上求生存的愿望为精耕细作方式提供了动力。由于农户需用现金支付各种税收，也由于精耕细作的农业方式在不同季节对劳动力的需求有所不同，汉代的农民大多卷入市场活动。市场活动反过来促进了以市场需求为方向的专业化生产和经济作物的专业生产区。战国的商业传统始而被两汉土地经济的力量压抑继而又在以农业为重的社会中生存下来，市场共同体基本成型。

但陈启云对此书提出了批评，他认为许文忽略了中国南方的灌溉工程。又许文对汉代人口的估算不可靠，分歧往往来自对史料的不同解释。而许文对汉代自耕农的数量估计过高，还说汉代农户交纳的土地税比三十税一还少一半，这是对史料的错误理解而作出的错误结论。同时也扭曲了汉代社会经济状况的真相。陈启云认为西汉政权对地主无能为力，到西汉末年，与高祖和武帝的愿望相反，地主的土地占有已发展到相当的程度。后汉时期，地主庄园兴起，众多的佃农成为庄园主的依附者，一元化的后汉朝廷在这种局势中被瓦解，从大庄园主当中产生了中世纪的世族和地方郡望。

欧美国家的秦汉史研究正方兴未艾，可以预见不久的将来会有更多有价值的论著问世。

三　秦汉史研究书目

秦汉史研究书目分史料和专著两大类。其中史料书目又可分历史文献和考古资料两部分。历史文献是研究秦汉史的基本依据，考古资料则是文献资料的重要补充。二者相辅相成，缺一不可。而专著书目主要著录我国自20世纪20年代以来，特别是1949年以来（包括中国台湾、香港地区）秦汉史研究中的代表性著作。其次是有选择地简介日本以及欧美等西方国家学者的研究成果，以供参考。

（一）历史文献书目

秦汉时期是我国封建史学的奠基时期。纪传体和断代编年史体于汉代定型，并成为以后历代封建史学的楷模。又诸如杂史、起居注、职官、仪注、地理、谱牒、耆旧传等史书也相继问世，为史学摆脱经学的附庸地位，形成独立的学术门类，创造了良好的条件。我们今天所能见到的秦汉历史文献，就是其中世代流传下来的佼佼者。

秦汉历史文献具有许多鲜明的特点。

第一，文献资料十分集中而优秀。"前四史"（《史记》《汉书》《后汉书》《三国志》）构成秦汉史料的主干，内容丰富全面，史实大较准确可信，是二十四史中的精华。在秦汉文献资料大部分散佚的情况下，尤其显得宝贵。

第二，主要文献大都出于私撰。如司马迁著《史记》、班固撰《汉书》、范晔述《后汉书》、陈寿作《三国志》、袁宏修《后汉纪》，皆为其例。所以一般均能避开官方的干扰，较为客观地反映历史的本来面目，形成了司马迁直书、班固记实、范晔集美、陈寿质朴、袁宏简当的特点。

第三，文献基本以当代史为主。如《史记》中百分之四十写的是汉史，其中《今上本纪》是唯一一篇为活着的皇帝所作的本纪（已佚）。桑弘羊死于司马迁之后，而他的事迹在《平准书》中已有较多的记述。又如《汉书》所载武帝以后历史，就奠基于两汉之际的学者班彪所作的《后传》。而《东观汉记》更是与东汉王朝基本相始终的官修当代史。其他如《楚汉春秋》为当事人陆贾所写，《汉官六种》中的五种也出于汉人之手。以上种种，大多是一手、二手资料，较为可靠。

第四，由于秦汉时期造纸业尚不普及，印刷术也未产生，文献的传播主要靠口授笔录，困难重重。再加上西汉末年、东汉末年的社会大动乱，以及魏晋南北朝四百余年分裂纷争的战火劫掠，史籍散亡甚众。秦汉史籍可考知的大致在二百部左右，今可见的传世之作，不过有"前四史""两汉纪"（荀悦《汉纪》、袁宏《后汉纪》）、《三辅黄图》《华阳国志》等八部，形成文献资料不足的不利状况。

第五，秦汉时经史不分，相互错杂。自陆贾以评论秦亡、楚败、汉兴的原因为宗旨而作《新语》《楚汉春秋》之后，以史为鉴成为当时学者十分感兴趣的课题。无论是经注、子书，还是诗赋、文集，都涉及一些史事，成为我们今天研究秦汉史不可忽视的重要资料来源。

基于上述特点，在我们致力于秦汉史料的阅读和整理，并进而从事专题研究的过程中，会出现入门易、深入难、需要发掘的资料多的状况。所谓入门易，即指基本史料集中在"前四史"中，以日读一卷计，至多一年半可以粗读一遍。再参考有关专著和论文，秦汉史的主要问题就能大体清楚。但是，不管"前四史"的内容多么丰富，却不敢细究。如秦汉各项制度，往往粗谈起来，头头是道，倘若深究，却破绽百出，其中赋税、徭役制度至今争论不休，莫衷一是，其关键问题是材料不足，且自相矛盾，这就形成深入难。正因为如此，要想把秦汉史研究深入下去，必须广泛发掘材料。不能把眼光仅仅局限于"前四史"上，同时要重视散佚史籍的辑佚和经、子、集部书中资料的发掘，更要重视不断出土的文物考古资料。只要充分利用秦汉文献的有利因素，不断开发新的可用资料，秦汉史研究是大有可为的。

1. 基本史料

《**史记**》　一百三十卷，汉太史令司马迁撰。是我国第一部纪传体通史。

《史记》原名《太史公书》(《史记·太史公自序》)，简称《太史公》(《汉书·艺文志》)，或称《太史公记》(《汉书·杨恽传》)，又称《太史记》(《风俗通义》)，至迟于桓、灵之际改称《史记》(《隶释·执金吾丞武荣碑》)，并相沿至今。

司马迁创本纪、世家、书、表、列传五体。本纪以记帝王，保留《春秋》编年古风；世家以载诸侯，书以述专史，如《平准》记财政，《河渠》记水利等，表则简化纪传，奠世系，便检阅，且可补纪传之不足；列传以记名臣贤士。以后正史基本沿用其例。

《史记》全书五十二万余言，上起传说中的五帝，下迄汉武帝末年[①]，记述了三千余年的历史。全书略于先秦，详于秦汉，秦汉部分约占全书的五分之三以上。要想探讨秦自商鞅变法以来，而至汉武帝晚年的秦汉历史，《史记》无可置疑的是最基本的必读史籍。

《史记》的史料来源十分广泛，有关秦汉史的部分多取自于第一手资料，史料价值极高。司马迁"网罗天下放失旧闻"，考信择善，当书则书，秉正不阿，疑则存疑，或缺略不论。尽管因此遭到武帝的忌恨，毁弃了《景帝纪》和《武帝纪》，并获"谤书"之名。但是刘向、扬雄等汉代知名学者都服其有良史之才，以为"其文直，其事核，不虚美，不隐恶，故谓之实录"（《汉书·司马迁传》）。

正是因"谤书"之故，《史记》在司马迁死后，未能在社会上迅速流传。得以抄录收藏者甚少，以至在流传过程中，使亡缺之篇增至十篇，即《景帝纪》《武帝纪》《礼书》《乐书》《兵书》（今作《律书》）、《汉兴以来将相年表》《三王世家》《日者列传》《龟策列传》《傅靳蒯列传》等篇。今所传此十篇，系后人所补。其中以元、成间博士褚少孙补作为多，今本凡标"褚先生曰"者即是。其余补作《史记》的还有刘向、刘歆、冯商、卫衡、扬雄、史岑、梁审、肆仁、晋冯、段肃、金丹、冯衍、韦融、萧奋、刘恂等人，但成就有限，所补为何，也无从稽考。大凡武帝征和二年（前92年）以后史事，皆非《史记》原文。所言汉事，仍可利用。如褚少孙补元、成间事，平实无华，大较可信，不可轻弃。

[①]《史记》断限主要有元狩、太初、天汉三说，上下相差仅二十余年。陈直先生《史记新证》指出："太史公之书，自称迄于麟止，为武帝太初四年。然报任安书，在征和二年，上距麟止，已有十年。其时百三十篇，草稿粗具，又必有一段润饰补定时期。一般学者每指太初四年以后，征和二年以前之事，皆为后人附益，未必符合实际情况。"这一见解，也有一定道理。今折中诸说，言迄于武帝末年。

最早为《史记》作注的是东汉人延笃,撰《史记音义》一卷。其后,自晋至唐有关《史记》的注释之作,约有十三家之多,而流传至今的唯有三家,即南朝宋裴骃《史记集解》八十卷,唐司马贞《史记索隐》三十卷,唐张守节《史记正义》三十卷,合称"三家注"。三家注本各单行,北宋时始分隶于《史记》正文之下,形成今天中华书局点校本那种样子,为研读者提供了极大的方便。

有关《史记》的校补考辨之作甚多,足资参考的有以下诸书:

清钱大昕《廿二史考异》(潜研堂刊本、《丛书集成》本。有关"前四史"部分均可参考)

清钱大昕《三史拾遗》(见商务印书馆1958年刊《考史拾遗》,为《廿二史考异》续编)

清王鸣盛《十七史商榷》(原刻本,《丛书集成》本。用法与《廿二史考异》同)

清赵翼《廿二史劄记》(《四部备要》本、中华书局1984年王树民校证本。用法同上书)

清梁玉绳《史记志疑》(中华书局1981年版)

清郭嵩焘《史记札记》(商务印书馆1957年版)

清沈家本《史记琐言》(《沈寄簃先生遗书》本)

近人陈直《史记新证》(天津人民出版社1979年版)

以上诸书,清人之作中以钱大昕、梁玉绳、郭嵩焘之作最为精当。近人陈直之作,引用大量考古资料和实物以订补《史记》,独辟蹊径,创见尤多。

有关《史记》注释考订的集大成之作,国内唯一问世的是近人张森楷所撰的《史记新校注稿》。其书作于20世纪20年代,惜未定稿。1967年由杨家骆编纂整理,交由台湾中国学典馆复馆筹备处印行,但文有残缺。日人泷川资言《史记会注考证》引录三家注外中国有关考订之作一百余种，日人之作二十余种，汇为一编，考校得失，颇有便于读者。之后水泽利忠又作《史记会注考证校补》，集世所罕见的宋本和日本古抄本、古校本，以作校记，为洞悉《史记》古本原貌做出了贡献。在新集注未问世以前，此二书可补我国综合性校注之缺。至于《考证》中增补《史记正义》佚文一千二三百条的真伪，至今仍有争论。但就其内容而言，无论是音义还是诠释，对读《史记》不无裨益。张衍田的《史记正义佚文辑校》在《考证》辑文的基础上重加校补，且一一注明出处，也有一定参考价值。

今人注本中张大可《史记全本新注》（三秦出版社1990年版）较有参考价值。

又《史记汉书诸表订补十种》对读《史记》诸表有参考价值（中华书局1982年出版）。

《史记》的版本，当以中华书局点校本为主。还应兼取商务印书馆影印的百衲本。因为二本在传目编排或文字上均有差异，互有短长。

有关《史记》的工具书有中国科学院历史研究所第一、二所合编的《史记研究的资料和论文索引》（科学出版社1957年版）、哈佛燕京学社引得编纂处编《史记及注释综合引得》（上海古籍出版社1986年影印本）、黄福銮《史记索引》（香港中文大学1963年版），以及钟华编《史记人名索引》（中华书局1977年版）和段书安编《史记三家注引书索引》（中华书局1982年版）。

《汉书》 一百二十卷，东汉班固撰。是我国第一部纪传体断代史。

班固的先祖班壹"以财雄边"。成帝时，班况之女为婕妤，班氏成为显贵。况子班斿与刘向同校秘书，成帝"器其能，赐以秘书之副"(《汉书·叙传》),成为班彪、班固父子撰写《汉书》的重要依据。两汉之际,班彪避乱于陇上,潜心写作《史记后传》六十五篇。今《汉书》中之《元帝纪》《成帝纪》《韦贤传》《翟方进传》《元后传》等皆出班彪手笔。建武三十年(54年),全书未成而彪卒。班固遂继承父志,凡武帝以前汉史以《史记》为蓝本,武帝以后汉史以《后传》为基础,复博采旧闻,整齐叙事,上起高祖起事,下迄王莽新朝覆亡,断代为史,而作《汉书》。建初八年(83年),班固下狱死,《汉书》中八表及《天文志》尚未最后写定。和帝初,班固之妹班昭奉诏续作,马续协助整理,才大功告成。全书历四人之手,费时达三十余年之久。

《汉书》本一百篇,因部分列传篇幅过大,因而被后人或析为上下两卷,如《司马相如传》;或析为上中下三卷,如《王莽传》,于是成为一百二十卷。

班固在体例上因袭《史记》,但有所创新。其并世家入列传;改书为志;以时代为序编次列传,先专传,后类传,再次边疆传,并皆以姓或姓名命篇。更为集中地体现了封建中央集权制的等级秩序,迎合封建统治者的需要。在客观上也起到了整齐体例,便于翻检的效果,所以成为以后正史的规范。

同时,班固在大量吸取《史记》成果的基础上,纠偏补缺。如补立《惠帝纪》,补叙了当时有影响的制度和法令。又增《王陵》《吴芮》《蒯通》《伍被》《贾山》诸传,还将张骞事迹从《卫将军骠骑列传》中抽出,加以扩充,设立专传。此外,于《贾谊》《晁错》《韩安国》等传中,增补了不少诏令奏疏,都是不可多得的原始资料。其中以贾谊《治安策》、晁错《言兵事疏》和《募民徙塞下疏》尤为著名。比较完整引用诏书奏议,是《汉书》的重要特点。又边疆诸少数民族传的内容也更为丰富,从中还可以窥见中国与中亚、西亚、欧洲、印度、东南亚，以及与日本、朝鲜的早期交往史，显示出汉人的开阔视野和汉王朝的恢宏气势。以上种种都较大地丰富了武帝以前的汉史资料，价值很高。但删改中省去了《仓公传》，不能不说是一个重大失误。这一举措开轻视科技人物的恶劣先例。

班固于志书和史表的撰作中，也有创新，显示出他博学贯通的特点。如《百官公卿表》是现存最早的秦汉官制大纲，虽事略不详，却极精要，是我们研究秦汉官制的最原始资料。其《刑法》《地理》《五行》《艺文》《食货》五志，是我们探讨秦汉法制史、地理沿革、天文气象和生物变异、先秦秦汉典籍源流、财政经济的丰富资料，较之《史记》诸书，更有参考价值。

武帝以后历史，班固除参据班彪《后传》外，同时也利用了刘向、刘歆等补《史记》者的成果。[①] 内容丰富全面，极有条理。是研究此段历史无法替代的原始材料。《王莽传》最为特出，研究新朝史而不读该传，是难以想象的。在《东观汉记》《后汉书》有意无意美化刘秀、贬低王莽的情况下，此传翔实客观的记述，愈发宝贵。

班固一方面深受正统儒学的熏陶，恪守封建礼教的规范，又喜趋炎附势，崇信天命图谶，所以不能像司马迁那样秉正直言，无所顾忌，而是歌功颂德，史多迴护。另一方面又受孔子劝鉴史学观和史家直书传统的影响，也不敢轻改《史记》已著的史实，并能曲折地反映西汉社会种种腐败现象，以抒政见。这一矛盾的心理和作为，是在阅读中应引起注意的。

《汉书》多古字古训，较为难读。此书又受汉廷重视，流布既早

---

① 《西京杂记》卷六曰："洪家世有刘子骏《汉书》一百卷，无首尾题目，但以甲乙丙丁纪其卷数。试以此记考校班固所作，殆是全取刘书，有小异同耳。"此说虽不可信，但刘向父子补作《史记》，以其才学论，必当可取。班固入兰台，进东观，能采用其《七略》以作《艺文志》，《汉书·高祖纪》也径用刘向之《高祖颂》，同时采用所补汉史，也是顺理成章的。

且广,学者争相讽诵。因此作注者甚多。现今可知最早为《汉书》作注的是东汉人服虔和应劭,所作《汉书音义》虽均已亡佚,但在唐颜师古注中较多被征引,可略窥其原貌。颜师古集东汉以来二十三家之说,总为《汉书》注,较为精核,其他诸家注本因而散亡。今通行的《汉书》诸本,均采用颜注。

有关《汉书》的重要考订之作,有如下数种:

清王念孙《读汉书杂志》(《读书杂志》本,中国书店1985年影印本)

清沈钦韩《汉书疏证》(浙江局刊本)

清周寿昌《汉书注校补》(思益堂刊本,《丛书集成》本)

清朱一新《汉书管见》(《拙盦丛稿》本)

清沈家本《汉书琐言》(《沈寄簃先生遗书》本)

近人杨树达《汉书窥管》(科学出版社1955年版,上海古籍出版社1985年重印)

近人陈直《汉书新证》(天津人民出版社1959年版,1979年增订本)。《汉书新证》一书,系统利用居延和敦煌汉简、汉碑、秦汉铜器和漆器等古器物文字、秦汉印玺、封泥和瓦当等文字,而作新证,在考订之作中,独树一帜,多所发明。其中对《百官公卿表》的发伏疏证,尤为精当。

此外,金少英的《汉书食货志集释》(中华书局1986年版)是研究汉代经济的重要参考书。岑仲勉的《汉书西域传地里校释》(中华书局1981年版)又是研讨西域地名及其沿革的必读书。陈国庆《汉书艺文志注释汇编》(中华书局1983年版)是研究西汉学术史的重要参考书。顾实《汉书艺文志讲疏》(上海古籍出版社1989年版),颇多发明。

清末王先谦集六十七家考订之作之精华,撰为《汉书补注》。其个人发明虽不太多,但综合抉择能力极强,成就斐然,又可省却读者翻检之劳,至今无人可以超越。是阅读《汉书》最基本的参考书。

今人注本当推施丁《汉书新注》(三秦出版社 1994 年版)。

《汉书》版本以中华书局点校本为最佳,也应参考百衲本。

又哈佛燕京学社引得编纂处所编《汉书及补注综合引得》(上海古籍出版社 1986 年影印本)、黄福銮《汉书索引》(香港中文大学 1966 年版),以及魏连科编《汉书人名索引》(中华书局 1979 年版),均可供检索之需。

《后汉书》 九十卷,南朝宋范晔撰。《续汉志》三十卷,晋司马彪撰。

范晔,南朝宋人。元嘉九年(432 年),以事得罪司徒刘义康,被贬为宣城太守。范晔郁郁不得志,于是借著史以寓其志,而作《后汉书》。元嘉二十二年(445 年),有人告发范晔参与刘义康篡位阴谋,范晔因此下狱而死。此前,范晔除已完成《后汉书》纪传外,还和谢俨共撰《礼乐》《舆服》《五行》《天文》《州郡》(《百官》并于其中)五志。晔骤死,谢俨怕受牵连,就毁掉了志稿①,使范书残而不全。

在范书之前,有关东汉的史作有《东观汉记》、谢承《后汉书》、薛莹《后汉记》、司马彪《续汉书》、华峤《汉后书》、谢沈《后汉书》、张莹《后汉南记》、袁山松《后汉书》(以上为纪传体)和袁宏《后汉纪》、张璠《后汉纪》(以上为编年体)等多部。范晔以《东观汉记》为基本依据,以华峤书为主要蓝本,采撷诸书之长,删繁补

---

① 据《南齐书·文学传》所载,檀超掌史职。立十志,"《百官》依范晔,合《州郡》"。可见谢俨未能毁尽志稿,至南齐时,至少《州郡志》尚存。

缺,整齐故事,诚跨众氏,后来居上。刘知几称"范晔之删《后汉》也,简而且周,疏而不漏,盖云备矣"(《史通·补注》),确非虚誉。所以到了唐代,范书取代《东观汉记》,与《史记》《汉书》并称"三史",而东观诸史除袁宏纪外都相继散亡,使范书成为我们研究东汉史的最基本的史料。

范晔以"正一代之得失"为宗旨,多用合传形式,以明褒贬。如列王充、王符、仲长统为一传,三位思想家皆以布衣针砭朝政,颇有创见。又列郭泰、符融、许劭为一传,以突出三名士的识人之鉴。又并邓彪、张禹、徐防、张敏、胡广等五位庸碌圆滑的官僚为一传,以讥刺其等苟合因循。又别创《孝义》《党锢》《文苑》《独行》《方术》《逸民》《列女》《宦者》等类传,分述孝子、文人、节士、隐者、才女、卜者、医师、党人、宦者等社会各阶层的人物,使我们能从不同的角度去探讨东汉社会,是很难能可贵的。当然,范书由于重文采,求简要,也造成一些历史事件和典章制度的具体事实隐而未彰,还需利用《后汉纪》和东观诸史的佚文来订补,也是应引起注意的。

司马彪字绍统,西晋高阳王司马睦之长子,却以好色薄行,废而不得为嗣。于是司马彪闭门谢客,专精学问,在谯周《东观汉记》删改稿的基础上,重加整理,特别对安、顺二帝以下东汉史事,补阙尤多,而成《续汉书》八十卷,并赢得"翔实"之誉,为世人所重。可惜纪传部分于永嘉之乱后开始散亡,唯志比较完整地保存下来,成为今本《后汉书》的重要组成部分。《续汉志》共八篇,以《百官》《舆服》《郡国》三志最为重要。《百官志》可补《汉书·百官公卿表》略而不详之弊。其以刘秀定制为准,以上公、将军、诸卿、郡国官属为序,将各级官吏、属吏的员数、职掌和源流,极有条理地叙述出来,并附有百官受奉例,是研究秦汉官制不可或缺的重要资料。唯略于秦官之沿革，当取沈约《宋书·百官志》以为补充。《郡国志》可与《地理志》相对照，以明地理沿革。而《舆服志》则为《史》《汉》所无，是研究秦汉服饰制度和车舆制度的主要依据。但是司马彪未志《食货》和《艺文》，使一代经济制度和文史典籍难以系统考索，不能不说是一大缺憾。

自范书问世后不久，南朝梁人刘昭率先为之作注。他觉得范书无志，作为一代之史，终非完书。于是选取《续汉志》，析为三十卷，注以并行。至唐代，章怀太子李贤再为范书作注，李注一时风行天下，而刘注逐渐衰微，以致陆续散亡。到了北宋乾兴元年（1022年），孙奭建议把李贤所注范书纪传和刘昭所注《续汉志》（《天文志》卷下注和《五行志》卷四注已佚）合并成书。获准后，就形成今天通行的一百二十卷本《后汉书》。

李贤注重于诠释文句，疏于史实考辨，又成于众人之手，匆匆成书后复无暇整理，繁复错讹之处，时有所见，以致《南匈奴传》等注，令人不可卒读。刘昭注详于史实的订补和考辨，广征博引，多为今日亡佚之书，史料价值较高，惜乏精要之说。两注都不能令人满意。入清以来，惠栋作《后汉书补注》，以正李、刘二注之失，又引《后汉纪》和东观诸史以订补范史，收效较大。王先谦在惠氏《补注》的基础上，综合清人数十家之成说，以作《后汉书集解》，颇有益于学者。但王氏撰作此书时已近晚年，精力不及，所以此书远不及《汉书补注》精当。何况大作未毕，王氏先亡。遂由门人黄山代为总校，延请柳从辰、马与龙、李祖楙等人以助其役，始成完书。黄山等别作《校补》，附于各卷之后，其说时有可取，然终不赅博。因此阅读《后汉书》，除重点参考王先谦《集解》之外，还应参考下列诸书：

宋刘攽《东汉书刊误》（《宸翰楼丛书》影宋本，《史籍丛刊》本）

清沈钦韩《后汉书疏证》（以考订地理部分为主。浙江局本较通行，但脱误较多。有条件可用上海图书馆藏稿本）

清李慈铭《后汉书札记》（北京图书馆 1929 年铅印本）

清沈家本《后汉书琐言》《续汉志琐言》（《沈寄簃先生遗书》本）

近人刘盼遂《后汉书校笺》（《国学论丛》第 2 卷第 1 期，1929 年版）

近人杨树达《读后汉书札记》（载中华书局 1962 年版《积微居读书记》中）

近人张森楷《十七史校勘记》有关部分（稿藏南京图书馆）

今人施之勉《后汉书集解补》第一册（台北文化大学 1982 年版），第二、三、四册（台北文化大学 1985 年版）

今人戴蕃豫《稿本后汉书疏记》（书目文献出版社 1995 年版）

此外，《续汉志》无《食货志》，今人苏诚鉴《后汉食货志长编》（商务印书馆 1947 年出版）可资利用。范书又无表，无《艺文志》，清人补作者甚多。其主要著作分见《二十五史补编》第二册（开明书局 1936 年至 1937 年出版）和《后汉书三国志补表三十种》（中华书局 1984 年出版）。

检索之书则有燕京学社编《后汉书及注释综合引得》（上海古籍出版社 1986 年影印出版）和李裕民编《后汉书人名索引》（中华书局 1979 年出版）。

《后汉书》版本选用中华书局点校本即可。

《三国志》 六十五卷，晋陈寿撰。其书包括《魏书》三十卷（有帝纪，以示正统），《蜀书》十五卷，《吴书》二十卷。本各自单行，至北宋始雕为一书。开正史中国别史之例。

陈寿少拜谯周为师，颇有志于史学。蜀亡降晋，太康元年（公元

280年）始撰《三国志》，时人以为"善叙事，有良史之才"（《晋书》本传）。

《三国志》有关汉末的记载，是现存史籍中最早的记录，也较为详细，其价值在《后汉书》有关部分之上。

《三国志》文辞简质，属书多实，可与司马迁、班固相比美。然而陈寿撰作时，魏史有王沈《魏书》、鱼豢《魏略》，吴史有韦昭《吴书》，皆可以依据，所以叙事较详。却又因囿于政治压力，对魏末之事，不得不偏袒司马氏，而为时讳。蜀国无史官，也无国史可供参考。陈寿只能以曾为蜀臣，又写或编过《益部耆旧传》《古国志》《诸葛亮集》等书，而加以回顾整理，写成《蜀书》。所以比较简略，不足于用。再加全书无志无表，订补势在必行。

元嘉元年（429年），南朝宋文帝命裴松之为《三国志》作注。裴松之善于著述，曾修《晋纪》《宋元嘉起居注》。其注《三国志》，以补阙、备异、正误、论辨为宗旨，开证史评史类史注之先河。注中征引之书多达一百五十种以上，其中有关汉末历史的文献计有谢承《后汉书》、司马彪《续汉书》、华峤《后汉书》、张璠《后汉纪》、袁山松《后汉书》《九州春秋》《献帝春秋》《汉晋春秋》《汉灵、献二帝纪》《献帝起居注》《山阳公载记》《三辅决录》《英雄记》《先贤行状》《逸士传》等，其余家传、别传、耆旧传不胜枚举。这些书基本散佚，凭靠裴注才保存了部分佚文，成为我们研讨汉末历史的有用资料。就其材料的原始性和内容的丰富性而言，又较《三国志》相应正文为佳。正因为裴注有这种特点，所以"考证之家，取材不竭，转相引据者，反多于陈寿本书"（《四库提要》）。裴注引征虽博，终不免有芜杂不当之处，又有六十一篇通篇无注，这也是读者应该了解的。

有关《三国志》的考订之作也较多，卢弼《三国志集解》，集诸家之大成，颇为精审，足资利用，直接借鉴，有事半功倍之效。非特别需要，不必他求。又补志补表之作，可利用《二十五史补编》和《后汉书三国志补表三十种》二书。检索之书则有燕京学社编《三国志及裴注综合引得》（上海古籍出版社1986年影印本）、黄福銮《三国志索引》（香港现代教育研究社1973年版），以及高秀芳、杨济安合编的《三国志人名索引》（中华书局1984年版）和王天良编《三国志地名索引》（中华书局1980年版）。

中华书局点校本是阅读的最佳版本。

《汉纪》 三十卷，汉荀悦撰。是我国第一部编年体断代史。

荀悦于建安三年（198年）奉汉献帝之命，按《左传》体例，删略《汉书》，历时二年而成书。时称此书"辞约事详，论辨多美"（《后汉书·荀悦传》）。又"省约易习，有便于用"（《汉纪·自序》），所以"大行于世"。以至唐人开科取士，一度以《史记》《汉书》《汉纪》为一科。但自《资治通鉴》问世后，其影响日小，几致沦亡。

全书18万多字，约为《汉书》的四分之一。所用史料，《汉书》之外，采录极少，故史料价值不高。"纪传详于人，编年详于代"（《汉纪》邵长蘅序）。《汉纪》将《汉书》的精华大体吸收进来（除志书而外），以年系事，条理清晰，头尾连贯，重点突出，不失为一部西汉历史的简明大事记，可作西汉史的入门书使用，荀悦"劝善惩恶"，撰写了大量的论赞之语，约占全书的二十分之一，其中不乏佳论。如对汉文帝十三年诏除民田租一事的评论，他尖锐指出当时"豪强富人占田逾侈，输其赋太半"、"官家之惠优于三代，豪强之暴酷于亡秦"，揭示出所谓"太平盛世"里人吃人的严酷事实。这一史论至今仍为广大史学工作者所重视。所以利用《汉纪》的重点应放在荀悦史论的研究上，并与其所著《申鉴》相联系。当然个别史实补正之处,也应重视。此书以《四部丛刊》本为佳。

《后汉纪》 三十卷,晋袁宏撰。

袁宏才思敏捷,下笔成章,以一代文宗著称于世。但他的真正成就却反映在《后汉纪》这部史著中。袁宏曾读《东观汉记》及谢承、司马彪、华峤、谢沈诸家《后汉书》,以为烦秽杂乱,不可卒读。于是又搜集《汉山阳公记》《汉灵献起居注》《汉名臣奏》,旁及诸郡耆旧先贤传等史籍,总数有数百卷之多,重加厘订,删繁就简,纠谬补缺,依荀悦《汉纪》之例,起吕母起义,终刘备称帝,断东汉一代为(编年新)史。当书稿初成之后,又见到张璠《后汉纪》,以为所言汉末之事颇有可取,就又及时补充进来,所以赢得"比诸家号为精密"(《郡斋读书志》)的评价,成为除范晔《后汉书》外,唯一能留传至今的一部东汉史籍。

与《汉纪》删节《汉书》不同,袁纪撰作早于范书,不少材料更接近原始资料,所以具有较高的史料价值。同时袁纪的精实之语,也多有范书未及吸取之处,往往可以订正范书的错误和补充范书的不足。如岑宏(一作冷宏)的《乐成王苌罪议》、张酺的《荐太子侍从疏》、张衡和马融的《阳嘉二年京师地震对策》、鲁丕的《举贤良方正对策》、尚敏的《陈兴广学校疏》,都不见于范书。以上诸奏疏,对了解东汉中后期的政治涌乱、经学堕废的情况,较有助益。即使是同样的奏议,袁、范二书在引用时,取舍也有较大不同,可互为补充。如袁纪卷二十载朱穆上报梁冀的奏记曰:"河内一郡,尝调缣素绮縠八万余匹,今乃十五万匹,官无见钱,皆出于民;民多流亡,皆虚张户口;户口既少,而无赀者多,当复割剥,公赋重敛。二千石长吏遇民如虏,或卖用田宅,或绝命捶楚,大小无聊,朝不保暮。"对了解东汉中期统治阶级横征暴敛的情况及其恶果,很有参考价值,而范书所载甚略。

刘知几曰:"世言汉中兴史者,唯范、袁二家而已。"(《史通·古今正史》)这一书一纪,相得益彰,当参比并用。

《后汉纪》的论赞极多,几占全书十二分之一,为历代史书所仅见。但袁宏务饰玄言,不乏迂腐说教,因而所能借鉴者甚少。其价值远在荀悦论赞之下。

此书版本以康熙年间蒋国祚、蒋国祥兄弟校刊本为佳,又广东学海堂本亦可用。周天游《后汉纪校注》(天津古籍出版社1987年版),集明清诸本之长,重施新式标点;又比较诸家《后汉书》的史事记载,详加考校,以定是非,可资参考。

《资治通鉴》 司马光《通鉴》的秦汉史部分,史料基本采自上述六书,但简洁精要,是初学者提纲挈领地熟悉秦汉重要史实的入门之书。而胡三省注时有创见,是研究者的重要参考资料。不能因其晚出,而予以漠视。

2. 重要史籍辑本

《楚汉春秋》 九卷,西汉陆贾撰。所记从刘邦、项羽起事起,至汉文帝初期止,为一部杂史。司马迁作《史记》,曾采撰此篇。唐以后散佚,清人辑本有三:一是洪颐煊所辑,见《问经堂丛书》。二是茆泮林所辑,见《十种古逸书》,亦见《后知不足斋丛书》和《龙溪精舍丛书》。三是黄奭辑本,见《汉学堂丛书》,后易名为《黄氏逸书考》)。其中以茆辑最佳。但佚文数量不多,价值不大。

《东观汉记》 一百四十三篇,是我国第一部官修当代史。

《汉记》之作始于汉明帝初,以班固为首,作《光武帝本纪》、功臣列传及新市、平林、公孙述、隗嚣等载记，凡二十八篇。安帝时，刘珍两度奉诏著作东观，始有《汉记》之名。所作为光武至永初初诸纪、表、名臣传、节士传、儒林传、外戚传等。桓帝时，先由边韶领衔作《穆、崇二皇传》《顺烈皇后传》《安思阎后传》《儒林传》《百官表》《宦者传》。此时，《汉记》已有一百一十四篇之数。后又由伏无忌主持，补修《诸王表》《王子表》《功臣表》《恩泽侯表》《南单于传》《西羌传》《地理志》，于是诸体始全。灵帝时，蔡邕又两度组织撰作《朝会》《车服》《律历》诸志，并续作纪传。汉末丧乱，蔡邕被诛，《汉记》修撰之事遂告终结，因而是部未完之作。

此书自刘珍起，以东观为主要撰作场所，所以刘昭称其书为《东观书》。后郦道元著《水经注》，称其为《东观汉记》，《隋志》沿用此称，并流传至今。

《东观汉记》是诸家《后汉书》之源，是东汉历史最原始的史料。唐宋时已大部散亡，元明之际亡失殆尽。但于史注和类书中，仍有不少佚文，一可以订补范书；二可证范书言而有征，比较史文优绌；三是研究官修史书的宝贵资料，具有较高的史料价值。

需要注意的是，此书乃史臣撰述时人事迹，不免有迴护曲笔之嫌；书又成于众手，质量参差不齐，且无德才识兼备的学者作统一的整理润色工作，所以繁简失当，选材不精，也在所难免；书非完书，安、顺二帝以下，亡缺尤多。使用该书史料，要审慎从事。

该书辑本以清姚之骃《后汉书补逸》为最早，但质量较差，传本亦罕。四库馆臣在姚辑的基础上，利用《永乐大典》，辑为二十四卷，是较为可用的辑本（《武英殿聚珍版书》本、《丛书集成》本）。缺点是佚文有脱误，又没注出处。中州古籍出版社 1987 年出版的吴树平《东观汉记校注》，是最为理想的辑本。

《七家后汉书》 二十一卷，清汪文台辑（光绪八年镇海林氏刊本）。所辑是谢承《后汉书》八卷、薛莹《后汉记》一卷、司马彪《续汉书》（纪传部分）五卷、华峤《后汉书》二卷、谢沈《后汉书》一卷、袁山松《后汉书》二卷、张璠《后汉纪》一卷、失氏名《后汉书》一卷。辑书较全面，辑文丰富，考辨精审，出处周详，是研究东汉史的重要参考资料。其中谢承、司马彪、袁山松三书佚文价值较高，多为范书所失载。该书有周天游点校本（河北人民出版社1987年版）可以利用。

陈汪辑外，孙志祖《谢氏后汉书补佚》（民国二十年南京国学图书馆石印本）、王谟《谢承后汉书钞》（清刻本），以及黄奭《汉学堂丛书》和《知足斋丛书》（均为清刻本），都可资参考。鲁迅对姚氏所集谢承、谢沈《后汉书》，也作了大量的考订增补工作，已收入《鲁迅辑校古籍手稿》第一函（上海古籍出版社1993年版）。

周天游《八家后汉书集注》（上海古籍出版社1986年版）在清人诸辑本的基础上，既增辑张莹《后汉南纪》，又补充较多他书佚文，使诸家后汉书佚文更完备地汇集起来，并作了大量的考订工作。书末还附录有关八家《后汉书》作者生平、历代评论、序跋等材料和《事类索引》，以供读者参考和检索，较便于用。由于周辑的辑法与汪辑不同，取用的类书版本也有不同，因而部分辑文有较大差异，使用时应将两辑参互比较，择善而从，不可轻此重彼。

3. **专题史料书**

（1）*经济类*

《盐铁论》 十卷，凡六十篇，西汉桓宽撰。汉武帝时，为了解决长期用兵匈奴和赈济灾民而造成的财政枯竭问题，接受了大农盐铁丞孔仅和东郭咸阳的建议，实行了盐铁国营。这一措施实行后，府库充实，国用饶给。政府既在经济上得到了好处，又在政治上抑制了诸侯王、豪强和工商大贾势力的发展，加强了中央集权。但是，也带来了盐价昂贵、农具质劣的弊端，引起社会多方面的不满。武帝死后，反对盐铁官营的呼声日益高涨，昭帝于始元六年（前81年）召开盐铁会议，以郡国贤良文学为一方，以御史大夫桑弘羊为另一方，围绕盐铁官营、酒类专卖和平准均输等经济政策，展开了激烈的辩论。当时双方的观点都有记录在案。约三十年后，汝南人桓宽根据会议记录，再通过与会儒生朱子伯的介绍，把材料予以"推衍"和"增广"，著成《盐铁论》一书。其第一篇至第四十一篇是记述了盐铁会议的正式辩论的经过和双方主要观点。第四十二篇至第五十九篇写会后有关对匈奴的政策和法治等问题的余谈。最后一篇"杂论"是后序。全书真实生动而又全面扼要地介绍了武帝时期的主要经济政策，及有关国计民生的农业政策和政治、经济、文化、军事等各个领域的问题。是研究汉武帝以后西汉经济史、政治史的重要史料。由于《史记》对桑弘羊的记述比较简单，而《汉书》又未立传。此书所载桑弘羊答辩的内容占有相当多的篇幅，可以说《盐铁论》是半部《桑弘羊传》。为我们研究这个重要人物提供了丰富而可贵的资料。

该书部分篇章文字较晦涩难懂，直接读原书对初学者来说比较困难。郭沫若的《〈盐铁论〉读本》（科学出版社1957年版）、王利器《盐铁论校注》（天津古籍出版社1983年增订本），最便于阅读。此外可参考杨树达《盐铁论要释》（科学出版社1957年版）所作的考证。

《氾胜之书》 十八篇，西汉氾胜之撰。胜之为成帝时人，曾为议郎。本书是他指导关中平原农民耕种后的生产经验的总结，主要适用于黄河流域。书中所记作物有禾、黍、麦、稻、稗、大豆、小豆、枲、麻、瓜瓠、芋、桑等。除记述作物的一般栽培技术外，还介绍了区种法、浸种法、耕田法、种麦法、种瓜法、种瓠法、穗选法、稻田水温调节法、桑苗截干法等先进生产技术和方法。为我们了解西汉的农业生产工具、农作物品种、农业生产技术的发达状况，以及农作物产量，提供了丰富可靠的史料。该书是西汉农学的杰出著作，也是中国农学史上划时代的著作。

书早佚，石声汉《氾胜之书会释》（农业出版社1980年版）和万国鼎《氾胜之书辑释》（农业出版社1980年版）是最便阅读的辑本。

《四民月令》 一卷，东汉崔寔撰。本书仿《礼记·月令》，按月记述地主庄园内的生产和生活情况。其所载涉及农事活动、果木栽培、牲畜饲养、食物的制作和保存、手工业生产、商品贸易、私学教育、家兵的组织、节令和祭祀、宗族关系、医药卫生等情况，生动全面地反映了一个自给自足经济单位的面貌，是研究汉代社会史不可多得的材料。原书亦早佚。清严可均的辑本是早期较为完整的辑本（见《全后汉文》）。今人石声汉《四民月令校注》和缪君愉的《四民月令辑释》均可用。

（2）官制礼仪类

《汉官六种》 十卷，清孙星衍辑（见《平津馆丛书》）。其收书情况简介于下：

其一曰《汉官》，一卷，作者不详，成书年代亦不详。《隋志》作五卷。宋时仅存一卷，后均亡。今所见佚文唯存《续汉百官志》注中，内容侧重于公卿员吏的人数和品秩，并附记诸郡郡治距京师洛阳的里程数。

其二曰《汉官解诂》，一卷。原名《小学汉官篇》，计三篇，建武年间新汲令王隆撰。其书以童蒙之书形式出现，"略道公卿内外之职，旁及四夷，博物条畅，多所发明"（《续汉百官志》注），当时社会影响比较广泛。东汉中后期重臣胡广深谙官制仪式，有"万事不理问伯始"之誉。他亲自为此书作注，可补《汉官篇》虽称精要，难言其详之弊。书名随之改为今名。这也是为什么原文较少保存，而胡注传世较多的原因。

其三曰《汉旧仪》，二卷，《补遗》二卷。原书四卷，东汉议郎卫宏所撰。不仅谈及官制，而且大量谈及礼制，如藉田、宗庙、春桑、酎、祭天等礼。所以在隋唐目录书中，多将其列入仪注类。自《直斋书录解题》始，其书又称作《汉官旧仪》，即因其所载官制为多之故。是《汉官六种》中有较高史料价值的一种。

其四曰《汉官仪》，二卷，东汉军谋校尉应劭撰。时因献帝迁都于许，旧章湮没，书记罕存，应劭于是缀集所闻，而作此书，原为十卷。于汉官诸书中，最为系统完备，佚文史料价值也最高。书名或作《汉官卤簿图》《汉官名秩》，或作《状人纪》，疑皆为其书中之篇目名。

其五曰《汉官典职仪式选用》，一卷。简称《汉官典职》或《汉官典仪》。原为二卷，汉卫尉蔡质撰。杂记官制及上书谒见礼式。

其六曰《汉仪》，一卷，吴太史令丁孚撰。因《新唐志》称其书作《汉官仪式选用》，所以有人以为与蔡质之作本为一书。但据《续汉百官志》所引，当自为一书，仅较他书简略，流传不广，鲜为人知罢了。

此六书是汉代官制仪式最原始、最丰富的系统记述，可补《汉书·百官公卿表》和《续汉百官志》的不足，具有较高的史料价值。

《汉官》辑本有六种，以孙辑最佳，但其中引文及出处的错误较多，所以使用时，必须详核原文，以免以讹传讹。又周天游将其中价值较高的五种辑本合为一书，重加点校，由中华书局1990年出版。

《独断》 二卷，东汉蔡邕撰。

此书所载多与礼制有关。如天子称谓及其所用，所居、所行、所驻之名称和仪制，及群臣上书诸类别及程式，并言及汉宗庙、祭祀、爵制、乐舞、五德说、汉世系、冠冕舆服之制和谥法等。其中以车舆冠服之制最为详尽。全书条理贯通，虽有后人少量补窜，记述也略有小疵，但仍是研究汉代礼制仪式的重要参考书。

(3) 思想文化类

《新语》 上下二卷，共十二篇，西汉陆贾撰。今本有后人改窜，故有人疑其为伪书。全书以黄老思想为核心，吸收儒学的部分主张，强调无为而治，政令统一，选贤用能，崇尚仁德。是汉初有关秦亡历史经验的总结，也是研究汉初政治思想的典型史料。《四部丛刊》本较佳，中华书局《新编诸子集成》中王利器的《新语校证》，是目前最好的注本。

《新书》 又叫《贾子》，西汉贾谊撰。今本十卷，五十八篇（缺《问孝》篇和《礼容语》上）。原书亦经窜乱，真伪错杂，但只要认真鉴别，利用得法，即使是伪书部分，也有一定参考价值。该书涉及秦亡原因的探讨，并提出以民为本，合理分派赋役，加强对诸侯王国的限制，以及相关的治安之策，是研究汉初历史和贾谊思想的重要史料。《贾谊集》（上海人民出版社 1976 年版）把《新书》和贾谊的其他奏疏、文赋汇为一书，最便于用。

《淮南子》 又名《淮南鸿烈》，《汉书·艺文志》言有内篇二十一篇，外篇二十三篇，今本唯存内篇。为淮南王刘安延请苏飞、李尚、左吴、田由、雷被、毛被、伍被、晋昌等八名学者共同讨论后写成。此书以道家思想为主干，兼取儒、法、阴阳五行诸家之说，属杂家类。是文景时期刘姓诸侯王企图保持封建割据思想的代表作,对了解当时中央与地方的政治斗争有帮助。通行之旧注是东汉高诱注。可用《诸子集成》本。还可以参考近人刘文典《淮南鸿烈集解》(商务印书馆1924年版)和《三余札记》。

《春秋繁露》 十七卷,八十二篇,西汉董仲舒撰。今本与《汉书·董仲舒传》和《艺文志》所言篇数、篇名均不大相符。所以说今本是经后人整理,并加改窜更易的书。但是其主要内容仍是董仲舒的思想。董仲舒治《公羊春秋》,故此所谓"春秋"即指公羊家而言,而"繁露"本意冕旒,于此作阐发解。也就是说,董仲舒以春秋公羊说为主旨,阐发他个人的理解,而提出一系列维护"大一统"的思想观点。书中还糅合了阴阳五行学说,建立"天人感应""三纲五常"的新体系,以迎合封建统治者需要,在当时社会产生较为深远的影响。本书是了解西汉中期的思想和政治状况的重要资料。《皇清经解续编》所收清凌曙《春秋繁露注》是最早的注。其后清苏舆的《春秋繁露义证》(中华书局1992年版),对凌注又有所补正,可参考利用。

《法言》 十三卷,西汉扬雄撰。其书仿《论语》体裁,以问答形式谈如何看待有关孔子的不同评价问题,为孔子辨诬,并借以宣扬儒学的基本观点。个别篇章具有无神论倾向。是研究扬雄哲学思想和政治思想的原始材料。《诸子集成》中的《法言》,由晋李轨作注,比较符合作者原意。清汪荣宝的《法言疏证》(1933年排印本改名为《法言义疏》,中华书局1987年再版),注解较详,也可供参考。

《太玄经》 省称《太玄》,十卷,西汉扬雄撰。其书仿《周易》,

以"玄"作为思想核心，相当于老子的"道"和《周易》的"易"，是了解扬雄哲学思想和政治思想的主要资料。晋范望注较好（收入《四部丛刊》中）。宋司马光等的《集注太玄》（《四部备要》本）和清陈本礼的《太玄阐秘》（《聚学轩丛书》本），也可供参考。

新论　二十九篇，东汉桓谭撰。桓谭反对谶纬，具有无神论思想倾向，因而受到光武帝的排斥，郁闷而死。本书是研究桓谭思想的基本史料。原书久佚，清严可均辑本较为完备（见《全后汉文》）。黄霖、李力以严辑本为基础，作了一番校点补辑工作，也可利用（上海人民出版社1977年版）。

《论衡》　三十卷，东汉王充撰。全书共八十五篇，其中《招致篇》有录无文，实存八十四篇。最后一篇《自纪篇》，是作者的自传。王充出身寒微，博学多闻，勤于著述，是汉代著名的唯物主义无神论思想家，对东汉初期居于统治地位的谶纬迷信和神学体系，进行了无情的批判。在我国古代思想史中占有十分重要的地位。此外，王充精通汉史，常据以阐发其主张，同时也描写了当时社会的不同风尚，是研究汉代社会史的有用史料。近人黄晖的《论衡校释》（长沙商务印书馆1939年版），引证丰富，注释较详，成就较高。近人刘盼遂《论衡集释》（古籍出版社1957年版）也可资利用。北京大学历史系《论衡》注释小组的《论衡注释》最为晚出（中华书局1979年版），注释简明，便于初学。

《白虎通义》　又称《白虎通德论》，省作《白虎通》，四卷，东汉班固等整理。东汉章帝建初四年（79年），为了统一思想，协调对儒学经典主要内容的理解，仿效宣帝时召开的石渠阁会议，于白虎观会集天下今、古文名儒及有关政府官员，讨论五经同异，最后由章帝亲自裁决。《白虎通》就是对这次经学讨论会的总结。这种由官方确定的讲经标准，把儒家学说与谶纬迷信更加紧密地结合起来。使今文经的唯心主义神学体系得到进一步强化。所以本书是研究东汉专制主义儒学新体系的最基本的史料。该书以清卢文弨校本最佳（见《抱经堂丛书》），陈立的《白虎通义疏证》十二卷（见《皇清经解续编》），注释较好，可以利用。

《风俗通义》 三十卷，今存十卷，东汉应劭撰。应劭博闻强识，著述甚丰。本书系统反映了东汉社会的不同风俗，为研究两汉社会生活和文化思想，提供了丰富的史料。如《愆礼》《过誉》两篇通过"名士"和达官显贵对封建礼教的破坏，揭露了封建统治阶级内部的腐朽和虚伪。《乐器篇》记载了乐器的制作和形制，是研究汉代乐器史的重要资料。《山泽篇》所记山林河薮情况，可供历史地理研究者参考。《祀典篇》是探讨东汉祀神活动的重要篇章。书中还涉及不少历史事件和历史人物，可作补史证史之用。吴树平《风俗通义校释》（天津人民出版社1980年版）和王利器《风俗通义校注》（中华书局1981年版）是最便阅读的本子。二者书后均附有佚文，可参校利用。

《潜夫论》 三十六篇，东汉王符撰。王符因不满东汉末年的黑暗统治，隐居著书，痛讥时弊，不欲彰显其名，故名书曰《潜夫论》。这是一部政论性的著作，不仅是研究王符政治思想的基本史料，也是了解东汉后期政治和社会状况的重要史料。本书注本以清汪继培《潜夫论笺》最佳。今人彭铎复加校证，更便于用（中华书局1979年版）。

《政论》 一卷，东汉崔寔撰。以揭露抨击东汉末期统治集团的腐朽奢靡生活为主要内容，抒发其政见。原书早佚，以清严可均辑本为佳（见《全后汉文》）。

《昌言》 三十四篇，东汉仲长统撰。其文内容与《政论》属同一类型，是研究东汉政治、吏治和思想的可用史料。原书早佚，今亦以清严可均辑本为佳（见《全后汉文》）。

《申鉴》 五卷，东汉荀悦撰。本书恪守传统儒学，反对谶纬迷信，又主张德刑并用，限制兼并，以缓和阶级矛盾。还极力主张抑制权臣，维护封建等级秩序，以强化皇权。是研究汉末政治思想的重要资料。阅读可用《汉魏丛书》本或《四部丛刊》本，并与《汉纪》中的论赞相参照。

《古微书》 明孙瑴辑，是西汉末兴起的谶纬书的佚文汇集。谶者，是预告将来吉凶祸福的隐语；纬者，是对经书神秘化的解说和推衍，以附会人事用。是在复杂阶级矛盾情况下，统治阶级企图欺骗舆论、摆脱困难、寻求福祐的唯心主义的梦呓和幻说。刘秀应谶言而定天下，对之深信不疑，使之成为官方的显学，谶记纬书于是大批涌现。汉亡后，逐渐散佚。孙瑴的辑本是研究汉代谶纬学及其社会影响的主要参考书。该书以《丛书集成》本较为通行。又唐刘赓的《稽瑞》，也是有关谶纬学的小型类书（亦可用《丛书集成》本），可供参考。

(4) 地理类

《三辅黄图》 六卷，作者佚名。《隋志》称其一卷，《郡斋读书志》曰三卷，《直斋书录解题》作二卷。今本称六卷。疑南宋苗昌言校刻时所分析，且当有后人增补。作者一般认为是六朝无名氏所作，而陈直以为"中唐以后"人所为。本书载秦汉时期咸阳、长安地区的地理沿革、城市布局、宫廷苑囿、离宫别馆、汉陵面貌、祭祀礼仪等内容,是研究秦汉长安、咸阳历史地理的宝贵资料。最好的读本当推陈直《三辅黄图校证》(陕西人民出版社1980年版)。

《三辅决录》 二卷,东汉赵岐撰。是一部汉代关中地方人物志,所述汉代三辅名人事迹,可作订补正史之用。另外佚名氏所作《三辅旧事》《三辅故事》,都是相同性质的著作。惜三书均已散佚,清张澍辑本(见《二酉堂丛书》),可供使用。但所辑并不完备,还需从唐宋类书和"前四史"注中再作钩稽。

《华阳国志》 十二卷,东晋常璩撰。是我国现存最早的一部地方志。该书一至四卷,总述梁、益、宁三州历史、地理的沿革,以地理为主。五至九卷以编年体形式分述公孙述、刘焉刘璋父子、蜀汉、成汉四个割据政权的历史,以及西晋统一时期的历史。十至十二卷为三州由西汉至东晋初年的"贤士列女"传。其中有关秦汉的部分,多为正史所不载,是研究秦汉历史地理以及巴蜀地方史的重要史料。刘琳《华阳国志校注》(巴蜀书社1984年版)和任乃强《华阳国志校补图注》(上海古籍出版社1987年版)是目前最佳的注本。

《水经注》 四十卷,北魏郦道元著。其书在汉桑钦《水经》记载的基础上,广为订补,详述了河流水道一千二百五十二条,兼论水道流经地区的山川、城邑、关津的地理状况和历史沿革,以及古代建筑、碑刻石阙、人物故事、民间歌谣、神话传说,内容十分丰富。其中不乏有关秦汉历史、地理、风俗的记述,可与正史相参照,订谬补遗。郦道元学识渊博，其注中引书多达四百三十七种，包括一批秦汉佚史，如《东观汉记》、谢承和司马彪等人的《后汉书》，以及耆旧名人传等，为研究秦汉史保存了珍贵的史料，应引起重视。本书以王先谦《合校水经注》成就最高（巴蜀书社1985年影印本），王国维《水经注校》（上海人民出版社1984年版），用力甚深，是必读之书。惜点校质量不高，错误甚多，用之不得不慎。

（5）宗教类

《太平经》 一百七十卷，今仅存五十七卷。是我国道教的经典之一。此书源起于东汉宫崇献给顺帝的《太平清领书》，据说是其师于吉（一作干吉）所作。其文以阴阳五行之说为基调，杂以巫觋之语。东汉当政者认为妖妄不经，藏而不用，所以该书只能在民间流传，自然在流传过程中，反映出一般群众的愿望。其中神秘的五行说和朴素的平均思想，成为汉末张角宣传群众、组织群众，发动黄巾起义的有力思想武器。此后历经道教信徒的增衍推广，才形成一百七十卷的庞大规模。唐末闾丘方远的《太平经钞》，今藏《道藏》中，是旧《太平经》的节本，保存了《太平经》的原貌。《道藏》中的《太平圣君秘旨》，有的内容见今本《太平经》，有的则为其书所独有，当是旧本《太平经》的佚文。《太平经》一书的基本思想倾向是唯心的、消极的，但其哲学思想还包括有某种朴素的唯物主义观点和朴素辩证法因素。其社会主张中，提倡自食其力，赈贫救乏，易为劳动人民所接受。该书对于探讨东汉时期早期道教的形成，及其在政治和社会生活中的影响和作用，具有较高的参考价值。今人王明《太平经合校》（中华书局1960年版），是最好的读本。

《牟子理惑论》 或称《牟子》，或作《理惑论》，凡三十七篇，是我国现存最早的佛学经典。旧题东汉太尉牟融撰，所据为《隋志》。

《弘明集》又云是苍梧太守牟子博撰。二说均不可信。此书当成于汉献帝建安年间。所述为佛教初入中国后，人们对佛教的不同看法，进而主张佛学与儒家、道家之说相融合，以适应中国的政治需要和风俗民情，是研究早期佛学史的重要资料。书早佚，最早为《世说新语》注所征引，后被《文选》注、《太平御览》《玉烛宝典》《止观辅行记弘决》、《意林》等书所征引。但保留佚文最多的是南朝齐梁间僧佑所编的《弘明集》（见《四部丛刊》）。

(6) 会要类

《秦会要》 二十六卷，清孙楷编集。他以王溥《唐会要》、徐天麟《两汉会要》为依傍，从先秦诸子、《战国策》《史记》《汉书》《太平御览》等书中摘取有关秦朝的典章制度资料、分入世系、礼、乐、舆服、学校、历数、职官、选举、民政、食货、兵、刑法、方域、四裔等十四门，使零散的有关材料条理清晰、分门别类整理出来，颇有益于学人。但此稿错漏之处不少，近人徐复钩稽群籍，逐条斠正，续有增补，而成《秦会要订补》一书（上海群联出版社1955年版，中华书局1959年再版），可供读者翻检取资。

《西汉会要》 七十卷，南宋徐天麟编集。所选辑西汉典章制度资料，分隶帝系、礼、乐、舆服、学校、运历、祥异、职官、选举、民政、食货、兵、刑法、方域、番夷等十五门三百六十七事，便于翻检利用。但取材仅限于《史记》《汉书》二书，重要材料又有遗漏，引文也有不少错误，使用时不得不慎。上海人民出版社1977年出版的点校本较便于用。

《东汉会要》 四十卷，亦徐天麟编集。此书是《西汉会要》续编，体例大体一致，分十五门三百八十四事，唯《学校》《运历》

《祥异》三门改为《文学》《历数》《封建》三门。此书取材以《后汉书》为主，兼及《东观汉记》《续汉书》《汉旧仪》《汉官仪》等书，所以史料价值较《西汉会要》要高。但引用时也需查对原文。该书有残缺，其第三十七、三十八两卷全佚，第三十六、三十九两卷各佚半卷。清蒋光煦《斠补偶录》（见《涉闻梓旧》）为校误补残之作，可资利用。原书则以上海古籍出版社1978年出版的点校本为佳。

此外，有关秦汉典章制度的材料，还可以参阅唐杜佑《通典》。其成书早于以上三书，《食货》《选举》《职官》三部分尤为重要，不可不读。中华书局1984年影印出版的原《万有文库》本，最便于用。

(7) 自然科学类

《灵宪》和《浑天仪》 均东汉张衡所撰。是汉代天文学中浑天说的代表作。前者阐述了张衡对天体形成的认识，以及对月食成因等天文现象的考察。后者则介绍了浑天仪的制作原理、图谱及说明。二书均佚，清严可均辑本可用（见《全后汉文》）。

《周髀算经》 二卷，是自先秦以来天文算学经验的总结，至迟成书于西汉武帝时。天文方面，主张"盖天说"，用四分历法。而数学方面的贡献，则在于使用了繁杂的分数算法、开平方算法，并总结出勾股定理。书存《算经十书》和《四部丛刊》中，有汉赵君卿注和唐李淳风注。

《九章算术》 九卷，当成书于东汉和帝之时。作者无考，当是先秦秦汉众多数学家不断修改增补后的产物，也是世界古代数学名著之一。全书分方田、粟米、衰分、少广、商功、均输、盈不足、方程、勾股等九章，有二百四十六个算术命题和解法。其中出现的分数计算法、负数计算法、比例计算法，以及开平方、开立方、二次方程和联立一次方程解法，都达到当时世界的先进水平。是了解汉代数学成就的重要资料。又从算题中，还可以了解汉代经济政策、物价、农业生产水平等方面的情况，史料价值较高。魏刘徽和唐李淳风都曾为之作注。此书亦存《算经十书》和《四部丛刊》。

《神农本草经》 旧题神农撰，实秦汉间人所伪托。今本收载药物三百六十五种，并详叙每种药物的性味、功用和主治病症，是我国现存较早的有关药物学和植物学的分类学著作。原书已佚，有清孙星衍辑本（见《问经堂丛书》）和顾观光辑本（见《武陵山人遗书》）。

《伤寒杂病论》 十六卷，东汉张机撰。原书散佚，西晋王叔和将得到的有关残稿，加工后编为《伤寒论》和《金匮要略》两书。前者专论伤寒病的症状和疗法，载方一百三十种。该书注者甚多，以金成无己注最早。今人任应秋《伤寒论语释》最便阅读（卫生出版社1957年版）。后者是杂病诊断、治疗和出方的资料汇编。《四部丛刊》本最通行。两者都是了解汉代医药水平的基本参考书。

4. 其他史料

（1）经学类

《十三经注疏》 清阮元主持校刻。十三经中绝大多数编纂于春秋战国之际，但只有到汉代才形成定本，并成为官学或私学中的基本读物。诸经对当时的政治、经济、思想、军事、文化乃至社会生活，都产生了极为重要的影响，是我们深入理解和研究秦汉历史的必读书。其中尤以"三礼""三传""孝经"为重点。又十三经中，《尚书》《毛诗》《周礼》《仪礼》《礼记》《公羊传》《论语》《孟子》八经均保存有大量汉人之注。特别是郑玄"三礼"注，常用汉事释经文，成为我们了解汉代典章制度、宫廷和民间礼俗等情况的宝贵原始资料。该书以中华书局1980年据世界书局缩印本核校影印出版的本子最佳。又叶绍钧《十三经索引》可备检索之用（中华书局1983年重订本）。

《汉制考》 四卷，宋王应麟撰。他从《周礼》《仪礼》《礼记》《诗》《书》《论语》《孟子》《公羊传》八经和《国语》《说文》等书注疏中，汇集有关汉制的资料，较有参考价值，还可省翻检之劳。缺点是书非定稿，未经分类，且有脱漏。版本以《玉海》和《津逮秘书》本为佳。

(2) 文学类

《文选》 六十卷，南朝梁萧统编集。是我国现存最早的一部文学总集。其中所录秦汉人所作诗赋文论、诏表奏疏、书檄设论、辞序颂赞、符命史论、铭诔碑文甚多，皆可为研史之助。又李善注广征博引，多为秦汉佚书，也可订补正史之脱误。此书以中华书局1977年影印胡克家本最便于用。

《古谣谚》 一百卷，清杜文澜辑（中华书局1958年版）。此辑引书达八百六十余种，汇集先秦至明代谣谚三千三百余首。而逐首引述本事，注明出处，考辨疑义，具有较高的史料价值。其中有关秦汉的古谣谚有三百余首之多，引书达五十余种，对研究秦汉历史和文学有一定参考价值。

逯钦立所辑《先秦汉魏晋南北朝诗》（中华书局1983年版），有关秦汉部分也有参考价值。但内容偏雅，与较能反映民间呼声的古谣谚相比有所逊色。

《全上古三代秦汉三国六朝文》 七百四十六卷，清严可均辑。其中收有《全秦文》一卷，作者十六人；《全汉文》六十三卷，作者三百三十四人；《全后汉文》一百零六卷，作者四百七十人。其中所录重要诏命、奏疏、政论、碑文以及佚书辑文，对了解秦汉社会各个不同领域的历史，有较重要的参考价值。严氏汇众多单篇于一册，也便于翻检查阅。而且出处周详，易于核对。因此也可作工具书使用。版本以中华书局1958年据光绪年间王毓藻刻本的影印本为佳，1985年又有重印本。

《西京杂记》 今本六卷，晋葛洪编。或题刘歆撰，或以为南朝梁吴均作，均非。此书历代指为伪书，但就内容和语气来看，当是杂抄汉魏六朝佚史而成。其所述西汉之事，怪诞不经，多不足信，但有关南越王赵佗所献宝物，昭君出塞前后汉宫画工毛延寿、陈敞、刘白、龚宽、阳望、樊育等人画技，刘邦筑新丰以迎太公，匡衡借光苦读，汉俗不举五月五日生子，邓通得蜀山铜铸钱，茂陵富人袁广汉庄园之奇，司马迁有怨言下狱死和刘子骏作《汉书》诸事，均可开阔思路，有裨研史。其书可取《四部丛刊》本一读。也可用中华书局《古小说丛刊》点校本。

此外，晋张华《博物志》、晋崔豹《古今注》、五代马缟《中华古今注》性质皆与《西京杂记》同，用法亦同，可聊备参考。

(3) 小学类

《说文解字》 三十卷，东汉许慎撰。是许氏为解释古文经而作的语言学专著。该书是我国第一部系统分析字形和考究字源的字书，同时具有一定的史料价值。如书中所载汉律较多，《说文·叙》即言及尉律。《贝部》又引律令曰："民不徭，赀钱二十二。"可补正史之不足。又如释"盐"曰："河东盐地袤五十一里，广七里，周百十六里。"释"祆"曰，"祆，胡神也。"又曰："僧，浮屠道人也。塔，西域浮屠也。"对了解汉代盐池的规模,拜火教和佛教东渐的情况,都有参考价值。查阅时可用清段玉裁《说文解字注》(上海古籍出版社1981年影印经韵楼原刻本)。

《**方言**》 十五卷,西汉扬雄撰。是我国第一部方言词典。原名《輶轩使者绝代语释别国方言》,简称《方言》。今传晋郭璞注本,唯十三卷,且略有后人增补。该书在以当时通行语解释方言时,也片段反映出汉代衣食住行等社会生活和风俗民情方面的史实。此书可用清钱绎《方言笺疏》(上海古籍出版社1984年版)。

《**释名**》 八卷,东汉刘熙撰。是第一部用声训释字义的训诂书。全书分释天、释地、释山、释水、释丘、释道、释州国、释形体、释姿容、释长幼、释亲属、释言语、释饮食、释采帛、释首饰、释衣服、释宫室、释床帐、释书契、释典艺、释用器、释乐器、释兵、释车、释船、释疾病、释丧制等二十七篇,对研究两汉社会史具有较高的史料价值。读时可用清王先谦《释名疏证补》(上海古籍出版社1984年影印本。)

《**急就篇**》 凡三十一章,西汉史游编。是一部小学童蒙之书。首章为开篇;后六章叙姓字,列姓一百一十三个;下接"诸物"部分十八章,释工具和日用器皿、武器及车马具、衣履服饰、建筑和室内陈设、人体生理和疾病、药物、农作物名称、花鸟虫鱼兽等名词;又有三章叙刑法;二章叙职官及地理;最末一章以颂扬汉德盛世而告结束。虽为童蒙读物,但反映社会生活面很广,如从中可以了解诸如汉代奴婢的性质、邻里的连坐法、审讯中先问明犯人年龄的原因等,也是研究汉代社会史的重要参考书。《四部丛刊》本有唐颜师古注,较便于读。

这批史料书，有价值的史料比较零散，内容也较琐碎，稍不留神，转瞬即逝。虽一般无大用，但有时能起一锤定音作用，不可小视。关键在于掌握尺度，能否用好，全在个人心得。

（二）考古资料书目

秦汉考古资料十分丰富，举凡简牍、帛书、碑刻、封泥、印章、铁器、铜器、漆器、货币、明器、壁画、画像石和画像砖及文化遗址等，无一不可以成为研究者的史料依据。其中有文字的考古资料数量之多，历史价值之高，更为世人所知。概括起来，其特点是虽不如文献资料完整，但绝大多数真实可信，既可以订正有关文献的讹谬，又可以补充文献资料的不足，还能印证文献资料的可靠程度。即使是无文字的实物资料，也能以其具体的形象，作为历史的见证，而被研究者所利用。可见考古资料的作用具有其他资料所无法替代的特殊意义。现分类简介于下。

1. 秦简

1975 年 12 月至 1976 年初，湖北省博物馆和孝感地区有关文物单位在湖北云梦睡虎地首次发现大量的秦竹简。这批秦简有 1155 支之多（另有残片 80 片），是我国考古工作者的一项重要收获。在对秦简进行了科学的保护和细心的拼复之后，发现其内容包括有《编年纪》《语书》《秦律十八种》《效律》《秦律杂抄》《法律答问》《封诊式》《为吏之道》《日书》（甲种）、《日书》（乙种）等十种。其中《语书》《效律》《封诊式》《日书》（乙种）四种简上原有书题，其余则由整理小组代拟。

《编年纪》共有竹简 53 支，所记起于秦昭王元年（前 306 年），止于秦始皇三十年（前 217 年），逐年记载了秦统一六国过程中的大事，同时又续补了喜的生平及其家事，类似于后世的年谱。《编年纪》的文字不多，与《史记》相关内容相比较，大部分记载是一致的。其歧异部分，对《史记》又能起到订谬补遗的作用。如昭王二十年（前 287 年），秦攻安邑，史籍不载。《史记·秦本纪》和《六国年表》都说昭王二十一年（前 286 年）魏献安邑。而《编年纪》则证明这是魏国在秦武力逼迫下不得不作出的牺牲。又如昭王三十三年（前 274 年），攻蔡、中阳。《秦本纪》作"蔡阳"，再证之以《六国年表》和《魏世家》，可知《秦本纪》误脱"中"字，将二城混为一城。再如秦始皇十六年（前 231 年），《编年纪》曰"自占年"。可以印证《秦始皇本纪》言此年"初令男子书年"，是可信的。

《语书》则是秦王政二十年（前 227 年），南郡守腾颁发给本郡各县、道的一篇文告，严令地方依法办事，以防范楚人的反抗。

《为吏之道》是教育官吏如何做事的训示，类似于后世的官箴。

而《秦律十八种》至《封诊式》等五种秦简，是云梦秦简的主要内容，基本由法律文书组成。

《秦律十八种》内容相当广泛。《田律》和《苑厩律》是关于农田水利、山林保护、牛马饲养方面的法律。《仓律》《金布律》是对国家粮食的贮存保管和发放、货币流通、市场交易等方面的有关规定。《徭律》《司空律》则是涉及徭役征发、工程兴建、刑徒管制的法规。《置吏律》《军爵律》《效》和《内史杂》等，是有关官吏任免、军爵赏赐，以及官吏职责范围的法律条文。其他诸律比较简单，如《关市》《工律》《工人程》《均工》是关于手工业商品市场管理、官营手工业生产品的规格、检验、标记、定额、生产调度等内容的法律。《传食律》则是关于驿站伙食供应的法规。《行书》是传送文件的法规。《属邦》涉及少数民族管理。《尉杂》则规定了廷尉的职责。

《效律》主要是对县和都官管理的各种物品实行检验的法律条文。

《秦律杂抄》有《除吏律》《游士律》《除弟子律》《中劳律》《藏律》《公车司马猎律》《牛羊课》《傅律》《敦表律》《扑盗律》《戍律》等十一种。分别是有关官吏任免、游士居留资格管理、吏人子弟的选拔、从军劳绩的规定、府库的收藏、公车司马射猎失职的惩罚、对豢养国家牛羊的考核、傅籍的规定、军士的服役和战场纪律，以及行戍等方面的律文。其中很多律文与军事有关，是研究秦兵制的主要材料。

《法律答问》187条，多以问答形式，围绕刑法，对秦的律令条文、术语、诉讼程序等作了必要的说明。对了解秦法律制度及其与社会、政治、经济的关系，具有较高的史料价值。

《封诊式》共25节，每节第一支简的简首都是小标题。主要是通过各种案例，说明法吏应如何进行案件调查、检验、审讯等程序。从案件涉及的内容可以看出，秦律主要是地主阶级镇压农民阶级的专政工具。

以往文献只说秦律苛酷，但到底残酷到什么程度，很少有具体的记述。云梦秦简中法律文书的大量出土，为我们研究秦律的阶级实质、秦律的演进过程、秦律与汉律的承继关系及其同异，以及与秦律相关的政治、经济、军事、思想和阶级斗争各个方面的问题，提供了可靠的依据，具有很高的史料价值。

至于占有秦简三分之一强篇幅的《日书》甲、乙种，因多有迷信内容，文词也晦涩难懂，而很少引起人们的注意。这是很不应该的。因为剔除其唯心主义的糟粕，不乏有关秦汉历法知识、原始鬼神观、民间风俗、生活习惯、商品交易、阶级关系和功利主义思想等方面的可贵记录，是探索秦中下层人民社会生活的重要史料，应引起高度的重视。

云梦秦简有三种版本。其一是1977年文物出版社出版的《睡虎地秦墓竹简》线装图版本，共七册。其二是1978年文物出版社出版的同名平装本（未收《日书》）。全书除简文外，有提要、有注释、有语译，最便于初学者使用。其三是1981年文物出版社出版的《云梦睡虎地秦墓》，缩印了全部秦简，可供研究者参考。

秦简的出土，带来了研究热，许多论文纷纷发表。其中中华书局所编《云梦秦简研究》（1981年版）一书，汇集了睡虎地秦墓竹简整理小组李学勤、裘锡圭、张政烺、于豪亮、高恒等九位同志，以及吴树平、熊铁基、高敏等六位同志的论文，反映当时秦简研究的最新成果，具有较高的参考价值。书末附有云梦秦简资料论著目录，也方便了读者。此外高敏的《云梦秦简初探》（河南人民出版社1981年增订本），利用秦简深入探讨了秦的徭役、土地、隶臣妾、赐爵、法律、户籍、官吏考核、官府手工业等制度，以及秦国的阶级关系和阶级斗争诸问题，提出了不少有启发性的见解，值得一读。饶宗颐、曾宪通《云梦秦简〈日书〉研究》（香港中文大学出版社1982年版），以及刘乐贤《睡虎地秦简日书研究》（台北文津出版社1994年版）都是《日书》研究专著，颇有参考价值。

2. 汉简

汉简的出土早在封建社会就已发生，现今所知最早出土的汉简，是西晋元康年间（291—299年）嵩高山下所得的一枚汉简。据束晳考证，是汉明帝显节陵的策文。北周时，居延的勃都骨氏也掘出了带字的竹简，可以说是最早发现的居延汉简了。北宋崇宁初，在天都（今宁夏固原西北）又得到一批汉章帝章和年间（87—88年）的木简。但留传下来的简文，唯有北宋政和年间（1111—1118年）于陕西掘出的东汉永初二年（108年）讨羌檄文，载于南宋黄伯思的《东观余论》和赵彦卫的《云麓漫钞》。真正大量出土，那是19世纪末20世纪初以后的事了。尤其自1949年以来，汉简的发掘和整理工作，更取得了长足的进展。现根据出土地点，大体分以下几类，简述于下。

（1）疏勒河流域汉简

匈牙利人斯坦因于1901年受英印政府派遣，到新疆探险，开始了汉简的发掘、收集和整理工作。1906年他第二次到中亚考察，转年在敦煌以北长城遗址中，得到了汉简近千枚，著录发表的有七百零五枚，其中一百多枚可以考证出确切的年代。这批汉代文书的影印件及其考释的研究报告，载于法国汉学家沙畹的《斯坦因在"东土耳其斯坦"沙漠发现的汉文文书》一书中。罗振玉和王国维在此书的基础上，对部分简牍作了释文和考证，刊印为《流沙坠简》一书。由于未能看到全部汉简影印件，所以考释范围受到很大局限。1913—1915年，斯坦因第三次来到我国西北地区，再次于敦煌和酒泉两地，发现竹简近二百枚。后交由沙畹的高足马伯乐进行研究，于是形成了《斯坦因第三次中亚考察所获汉文文书》（1953年出版）。此前，中国学者张凤在法留学期间，从马伯乐处得到这次出土简牍的照片和出土地点的编号。于是在1931年，将上述材料及考释，连同沙畹书后所附的第二次出土简牍的图版，一起在国内发表，这就是《汉晋西陲木简汇编》。该书所收原简照片比马伯乐发表的还要多，具有较高的参考价值。1944年，由原中央博物院、中央研究院、北京大学文科研究所共同组成的西北科学考察团，沿着斯坦因走过的玉门关、阳关以及汉代边塞遗址作了再调查，又获简48枚。夏鼐作考释后，连同简影一起发表在《新获之敦煌汉简》一文中（载中央研究院《历史语言研究所集刊》第十九册，又见1961年科学出版社出版的夏鼐《考古学论文集》）。

这批汉简内容广泛，尤以屯戍活动为主，是研究汉代敦煌、酒泉地区屯戍活动，以及当时政治、经济、军事诸问题的重要原始资料。

因为这批汉简大部分出土于敦煌，所以也被称作敦煌汉简。而见于酒泉的那部分，也被称作酒泉汉简。林梅村、李均明认为这批汉简出土地点主要分布在疏勒河流域，所以统称其为疏勒河流域出土汉简。并将其研究成果整理为《疏勒河流域出土汉简》一书（文物出版社1984年出版，末附罗布泊汉简）。既概述了当地边塞遗址情况，又公布了全部简文，并作了考释，书后还附有《汉简出土地点编号与汉简著录编号一览表》，极便于用。要想深入研究，可再与上述诸书所附影印件相互参照。

（2）罗布泊汉简

1926年，原北平中国学术协会与瑞典学者斯文赫定合作组成西北科学考察团，赴西北考察。1927年，黄文弼在罗布泊的默得沙尔发现汉简71枚。出土地是居卢訾仓故址，属西域都护管辖。因为那里靠近楼兰遗址，所以又被称为楼兰木简或西域木简。木简是公元前49年至公元8年之物。黄文弼在《罗布淖尔考古记》（中国西北科学考察团丛刊之一，1948年出版）中记录了此事。而斯文赫定在1899年曾在罗布泊北发现汉晋木简121枚，在他所写的《我的探险生涯》（有孙仲宽中译本）中记述了简牍的情况。德国人布姆莱·孔好古对这批汉简进行了研究，写下《斯文赫定在楼兰所得的中国文书及其它发现》一书，评述了汉代行政、官制、刑法、军事、农产、商业、关税制度等情况。

（3）居延汉简

1930—1931年，原中瑞西北科学考察团又在今内蒙古额济纳旗居延地区，掘得一万一千余支汉代简牍，这是1949年前出土汉简最多的一次。因推测此地为汉张掖郡居延县城，所以把黑城废墟和额济纳河西岸陆续出土的汉简都统称为居延汉简。

1931年起，这批汉简由马衡、刘复、向达、贺昌群、余逊、劳榦等人释读整理。由于抗日战争爆发，简牍照片原版被毁。劳榦根据留下的照片副本继续研究，并于1944年在四川出版《居延汉简考释》的释文之部。1945年又出版了《居延汉简考释》考证之部。而图版之部至1957年才在台湾出版。接着又于1960年出版了对图版的考释，最终完成了长达近三十年的研究工作。

另一方面，中国科学院考古研究所根据这批简牍的照片，于1959年出版了《居延汉简甲编》。其中包括2555支简牍的照片，释文和索引。1980年，又由中国社会科学院考古研究所编辑出版了《居延汉简甲乙编》（中华书局1981年版），成为较为完整的居延汉简资料集，为研究居延汉简提供了极大的便利。

1973—1974年，甘肃居延考古队在破城子等三处汉代遗址中，又掘获汉简二万余枚，1990年文物出版社出版《居延新简——甲渠候官与第四燧》，1994年中华书局出版《居延新简——甲渠候官》，即属此批简牍。部分资料曾在《文物》等杂志中予以公布，不少学者据以发表了研究论文。甘肃省文物考古队、甘肃省博物馆所编的《汉简研究文集》（甘肃人民出版社1984年出版），反映了其中的部分成果。

（4）其他汉简

除上述三批数量较多的汉简外，1949年后又在汉代墓葬中多次获得汉简，主要有以下几种：

①长沙汉简。1951年—1952年、1972年、1973年分别在长沙二〇三号汉墓、杨家大山四〇一号墓、马王堆一号西汉墓、马王堆三号汉墓出土汉简，计1081枚。这些资料分见中国科学院考古研究所编《长沙发掘报告》（科学出版社1957年版）和《长汉马王堆一号汉墓》（文物出版社1973年版），以及《长沙马王堆二、三号汉墓发掘简报》（《文物》1974年第7期）。

②武威汉简。1959年于甘肃武威磨咀子六号东汉墓出土《仪礼》简504支。十八号东汉墓出土《王杖十简》10支。材料见甘肃省博物馆和中国科学院考古所编《武威汉简》（文物出版社1964年版）。1972年又在武威旱滩坡东汉墓中，发掘出汉简92枚，全系医简。文见甘肃省博物馆、武威县文化馆编《武威汉代医简》（文物出版1975年版）。

③临沂汉简。1972年于临沂银雀山一号西汉墓出土汉简4942支，大部分属于兵家书，其中有久已散佚的《孙膑兵法》，澄清了《孙子兵法》的作者确系孙武。《尉缭子》的出土，也破除了《尉缭子》系伪书的旧说。已出《银雀山汉墓竹简》第一册（文物出版社1975年版），包括《孙子兵法》《孙膑兵法》的照片及释文。其余诸古书简将陆续整理出版。1972年于银雀山二号汉墓中出土32支元光元年（前134年）历谱简，摹本见《临沂出土汉初古历初探》（《文物》1974年第3期）。

④江陵汉简。1973年、1975年分别于湖北江陵凤凰山八号、九号、十号、一六八号、一六七号汉墓中共出土汉简575枚。其简影分见《文物》1973年6期、1975年9期、1976年10期。其中十号汉墓汉简有关于收租、贷谷、民间契约的文书，有较高史料价值。1983年底至1984年初，张家山汉墓又出土大批汉简，包括有汉律等几种文书，对汉律的研究带来较大促进。

⑤青海上孙家寨汉简。1978年青海博物馆考古工作队于上孙家寨西汉晚期墓中发现汉简，整理后约编为400号。其内容主要涉及军事方面的律令文书、军队编制、阵法和标志，以及兵书等。对研究西汉军事史和屯戍制度有重要价值。简影及释文见《大通上孙家寨汉简释文》（《文物》1981年第1期）。

此外，河南陕县刘家渠、江苏连云港市海州网疃庄、江苏盐城、湖北云梦大坟头、湖北光化五座头、安徽阜阳双古堆也都或多或少发现汉简，发掘简报及简影分载《文物》《考古》《考古学报》等杂志，可供研究者参考。

上述汉简材料数量远远超过秦简，内容也比秦简广泛。西北地区的汉简大多涉及边塞的屯戍制度，对于了解汉代西北边地行政设置、军事编制、兵员构成、要塞建设、烽燧制度，以及相关屯田制的推行、农业生产水平、水利设施的开发、边地地理、与少数民族关系、邮传制度等，都有极为重要的史料价值。虽然边地政策与内地有所不同，但主要内容是一致的，所以可以根据这批汉简来考察汉代有关政治、经济、军事、法律和思想文化等各方面的政策法令，推动汉史研究更深入地开展下去。

内地墓葬汉简的价值与边地汉简当然有很大差距，但从社会史角度来看，也不乏可取之处。其中凤凰山十号汉墓出土的简牍，是研究汉代经济史极为难得的史料。

有关汉简研究的重要著作还有陈梦家《汉简缀述》（中华书局1981年版）、陈直《居延汉简研究》（天津古籍出版社1986年版）、陈直《敦煌汉简释文平议》（见《摹庐丛著七种》，齐鲁书社1981年版）、于豪亮《于豪亮学术文存》（中华书局1985年版）、郑良树《竹简帛书论文集》（中华书局1982年版）。中国社会科学院历史研究所战国秦汉史研究室编《简牍研究译丛》第一、二辑，可供了解国外秦汉简牍研究状况之用。

3. 汉碑

刻石之风兴起于秦、西汉之间，极盛于东汉。现存大小汉碑大约有百余种，西汉碑仅十种左右，其余绝大多数都属于东汉碑。

汉碑的碑文虽多过誉不实之词，但仍然可以发掘出大量有用的资料。如汉代举孝廉先为郎，然后出任地方官吏或在中央政权供职，是入仕的基本途径。证之以汉碑，确凿无疑。又如蜀郡太守何君道碑、鄐君开褒斜道摩崖刻石、南安长王君平乡道碑，对了解巴蜀道路的开辟整修及社会效应，极有价值。又如袁安碑和三老赵宽碑，前者生平简历较《后汉书》所载详尽，可正误补遗。后者则是罕见的家谱碑，对早期家谱学的研究，以及西汉豪族迁徙情况，有较重要参考价值。所以对汉碑应给予必要的重视，以尽其用。

宋洪适的《隶释》《隶续》（中华书局1985年据洪氏晦木斋刻本影印），收集汉碑三百余种，开照录碑刻全文之例，部分还附有碑图，皆摹全形，具有很高的使用价值。清王昶《金石萃编》收集三代至宋末、辽、金金石之品一千五百余通，其中对汉碑研究甚勤，收集的碑文更丰富，体例也更规整。他按年代先后排列汉碑，详记形制、尺寸及当时藏地，再录全文或残文（包括碑阳、碑阴、碑侧和题额），最后列诸家题跋及本人按语，极有便于读者。陆增祥《八琼室金石补正》（中华书局1985年影印吴兴刘氏希古楼刊本），是专门订补《金石萃编》的力作。如王莽刻石，《萃编》所录为四种，且价值不大。《补正》则增为十五种，其中《杨置买山刻记》是研究汉代土地制度的重要资料。当然，该书也有增补致误之处，如《西汉琅邪太守朱博残碑》就是一块伪碑。读时应当注意。高文《汉碑集释》（河南大学出版社1985年版），是汉碑的集大成之作，收罗丰富，考辨精当，是研究汉碑的必读书。

工具书则有杨殿珣《石刻题跋索引》（商务印书馆1957年增订本）。

4. 其他

除秦汉简牍和汉碑以外的秦汉考古资料十分分散，但只要注意搜集，妥善利用，对研究工作是有较大帮助的。现择其主要参考书分别列举于下。

（1）汉画像石、画像砖和壁画

《陕北东汉画像石刻选集》 陕西省博物馆、陕西省文管会编，科学出版社1959年版。

《江苏徐州画像石》 江苏省文管会编，科学出版社1959年版。

《南阳汉画像汇存》 孙文青编，金陵大学中国文化研究所1937年版。

《南阳汉代画像石》 南阳地区汉代画像石编委员会编，文物出版社1985年版。

《汉代画像全集》 初编、二编 傅惜华编，巴黎大学北京汉学研究所1950年版。

《密县汉画像砖》 河南古代艺术研究会编，中州书画社1983年版。

《四川汉代画像砖与汉代社会》 刘知远、余德章、刘文杰编著，文物出版社1983年版。

《和林格尔汉墓壁画》 内蒙古自治区博物馆和自治区文物工作队编，文物出版社1977年版。

（2）秦汉瓦当及陶文

《秦汉瓦当文字》 五卷，清罗振玉撰，上虞罗氏永慕园丛书影印本。

《秦汉瓦当》 陕西省博物馆编，文物出版社1964年版。

《关中秦汉陶录》《续陶录》 陈直撰，稿藏中国社会科学院考古研究所，提要部分见《摹庐丛著七种》。

《摹庐藏陶捃存》 陈直撰，齐鲁书社1983年版。

《秦汉陶文》 袁仲一撰 三秦出版社1987年版。

《周秦汉瓦当》 徐锡台撰 文物出版社1998年版。

（3）秦汉封泥和玺印

《齐鲁封泥集存》 清罗振玉撰，上虞罗氏1913年刊。

《封泥考略》 清吴式芬、陈介祺撰，原刻本。

《续封泥考略》《再续封泥考略》 近人周明泰撰，北京京华印书局1928年版。

《汉封泥考略》 陈直撰，家刻本。

《汉铜印丛》 清汪启椒撰，乾隆壬申印巾箱本。

《十钟山房印举》 清陈介祺辑，同治壬申本。

《汉印文字征》 罗福颐编，文物出版社1978年版。

《秦汉南北朝官印征存》 罗福颐编，文物出版社1987年版。

《古陶轩秦汉印存》 商承祚编，民国间印本。

《古玺汇编》 故宫博物院编，文物出版社1980年版。

（4）货币

《古泉汇》《续泉汇》 清李佐贤编，清同光间刊本。

《中国古代货币通志》 王献唐撰，齐鲁书社1979年版。

（5）秦汉金文

《积古斋钟鼎彝器款识》 清阮元撰，嘉庆九年自刊本。

《愙斋集古录》 清吴大澂撰，民国七年涵芬楼石印本。

《秦汉金文录》 容庚编，中央研究院历史语言研究所1931年版。

《小校经阁金文》 刘体智撰，1935年版。

（6）综合类

《新中国的考古收获》 中国科学院考古研究所编，文物出版社1961年出版。

《新中国的考古发现和研究》 中国社会科学院考古研究所编，文物出版社 1984 年出版。

《文物考古工作三十年》 文物编辑委员会编，文物出版社 1979 年出版。

《汉代考古学概说》 王仲殊著，中华书局 1984 年出版。

《汉代的文物》 日人林巳奈夫编，京都大学人文科学研究所 1976 年版。

《中国考古学文献目录》（1949—1966） 中国社会科学院图书资料室编，生活·读书·新知三联书店 1979 年版。

（三）近现代秦汉史专著

1. 综合性专著

《秦汉史》 翦伯赞著，北京大学出版社 1983 年校定本。本书写于抗日战争时期。原为《中国史纲》第二卷。1346 年 7 月由重庆大呼出版公司首先刊行，1947 年 6 月上海大呼出版公司重版。现经张传玺、邓经元等整理后予以再版，始改定今名。本书是我国最早运用马克思主义理论剖析中国历史的代表作之一，也是我国近代第一部秦汉史专著。该书不仅对秦汉的政治、经济、军事、文化诸问题作了深入的探讨，同时十分重视各少数民族在秦汉时期的历史地位和作用，对旧史学中的大汉族主义历史观作了有力的批判。在史料运用上，除重点利用"前四史"外，又广泛开发《东观汉记》等诸佚史辑本和经、子、集部书中的有用资料，同时尽量利用当时已出土的简牍、汉画像、碑刻、封泥等考古资料，开辟了秦汉史研究的新途径。此外，还将秦汉历史置于世界历史的发展轨迹中，同罗马帝国以及伊朗、印度、东南亚、日本、朝鲜等古国的历史作了简明扼要的对比。这一尝试至今几乎无人再予以问津。该书语言生动，插图丰富典型，颇为引人入胜。它的再版，对当前秦汉史研究的指导思想、研究方法和写作风格的改进和提高，具有重要的意义。

《秦汉史》 吕思勉著，开明书店1947年版。上海古籍出版社1983年影印版。吕思勉先生自二十三岁起通读二十四史，五十年间，反复阅读了三遍。其中对"前四史"用力最勤，所以本书文献资料丰富，选材精审，叙事明晰，论辩周详，是一部优秀的断代史著作，至今仍有较高的参考价值。全书分两为大部分：第一部分按时间顺序，分十一个段落，阐述秦汉政治历史，后附三国始末。第二部分则分别对秦汉时社会组织、秦汉社会等级、秦汉时人民生计情况、秦汉时实业、秦汉时人民生活、秦汉政治制度、秦汉学术、秦汉宗教等八个专题，进行深入的探讨，不乏创见。由于时代的局限，该书观点较陈旧，又没有利用文物考古资料，一定程度上影响了该书的成就，但仍不失为研究秦汉史的重要参考书。

《秦汉史》 李源澄著，商务印书馆1947年版。

《秦汉史略》 何兹全著，上海人民出版社1955年版。

《秦汉史纲要》 杨翼骧著，新知识出版社1956年版。上海人民出版社1957年再版。

《秦汉史》 钱穆著，香港九龙1966年著者自版。

《秦汉史纂》 瞿兑之著，台北市鼎文书局1979年版。

《秦汉史》 劳榦著，台北中华文史出版事业委员会1955年版，香港华岗出版公司1974年再版。劳榦对秦汉史籍和汉简有深入细致的研究，所以驾驭史料从容自如。本书用十一章从秦的先祖简要叙述到蜀汉兴亡，重点突出，条理清晰。第十二章则专述两汉的学术信仰及物质生活，第十三、十四章则介绍官制、兵制、财政、选举四项内容。书末附世系表和年号表。是一篇通俗简要的秦汉史读本。

《秦史纲要》 马元材著，重庆大道出版社 1945 年版。

《秦集史》 马非百著，中华书局 1982 年版。马非百即马元材先生，是知名秦史专家。著者从 20 世纪 30 年代开始至 1979 年止，收集了大量有关秦史的资料。全书仿纪传体史书成例，分纪、传、志、表四部分。其中"国君纪事"二十篇，自非子邑秦起，至二世胡亥止。传记秦代人物，分二十六属，上起宰辅、后妃、公子，下迄方术、隐逸、间谍、刺客等。志则分二十门，以记职官、艺术、郡县、国防、风俗、法律、教育等典章制度。表有十五，中有丞相、客卿、会盟、首功等项。此书材料丰富，又经作者加工整理，并以"编者按"形式对许多问题进行论证，不乏创见，可供秦史研究者参考。此书也有缺点，书系未完之稿，既缺乏图和录，志书有未属稿，又文物考古资料的搜集欠完备，分类也较陈旧。

《秦史稿》 林剑鸣著，上海人民出版社 1981 年版。本书是 1949 年后第一部系统而完整的秦史专著。按秦人早期历史、秦国和秦朝三大历史阶段，论述了秦由小到大，由弱到强，最后统一中国，建立中央集权的专制主义封建国家，又迅速由盛转衰、终至灭亡的全过程。其中关于秦人东来说、秦国实行爰田说和秦国与东方六国政治、经济、文化发达程度比较及兴败原因的探讨方面，颇有新意，值得一读。

《秦国发展史》 林剑鸣著，陕西人民出版社 1981 年版。

《秦汉史》 林剑鸣著，上海人民出版社 1989 年版。该书在体例上吸收吕思勉《秦汉史》之长，对于秦汉社会的历史演进轨迹进行细致探讨，而且利用简牍等考古文献资料对这一时期的社会生活和科学技术问题进行探讨分析，并专门撰写了"秦汉史研究展望"一节，指出秦汉史研究存在的困难和解决问题的方法，颇具参考价值。

《从崩溃到中兴》 刘修明著，上海古籍出版社 1989 年版。

《新莽全史》 沈展如著，台北正中书局 1977 年版。

2. 经济史专著

《先秦两汉经济史稿》 李剑农著,三联书店1957年版。中华书局1962年重版。本书是早期秦汉经济史的代表作之一,有一定参考价值。

《中国秦汉经济史》 冷鹏飞著,人民出版社1994年版。

《西汉经济史》 陶希圣著,商务印书馆1931年版。

《西汉经济状况》 吴春晗著,上海大东书局1941年版。

《两汉经济史料论丛》 陈直著,陕西人民出版社1958年版,1980年修订版。本书以考古资料为主,文献资料为辅,对西汉的屯戍制度、两汉的手工业、两汉工人的类别、盐铁及其他采矿业、两汉的徒、汉代的米谷价及内地边郡物价等问题,进行了深入的探讨,多发前人所未发,具有较高的学术价值,是研究两汉经济的必读参考书。

《两汉社会经济研究》 陈啸江著,新生命书局1936年版。

《中国经济通史·秦汉经济卷》 林甘泉主编,经济日报出版社1999年版。是20世纪秦汉经济史研究的收官之作。

《汉唐间封建土地所有制形式研究》 贺昌群著,上海人民出版社1964年版。

《秦汉赋役制度研究》 黄今言著,江西教育出版社1988年版。

《秦汉赋役制度考略》 钱剑夫著,湖北人民出版社1984年版。本书对秦汉的土地税、人头税、商业税及其他杂税,以及秦汉更卒徭役、正卒徭役、戍卒徭役和复除制度作了较为全面的研讨,时有新说,具有较高的参考价值。

《秦汉货币史稿》 钱剑夫著,湖北人民出版社1986年版。本书不仅详述秦汉币制及其演进过程,又探讨了钱币铸造技术和主管机构、物价和物价管理、公私借贷及其有关立法、高利贷与货币资本,以及货币政策和货币思想诸方面问题，引证较博，论辩亦精，值得一读。

《汉代国内陆路交通考》 谭宗义著，香港新亚研究所1967年版。

《秦汉交通史稿》 王子今著，中共中央党校出版社1994年版。

3. 政治史专著

《汉魏制度丛考》 杨鸿年著，武汉大学出版社1985年版。本书钩稽群籍，排比考校，以探讨汉魏官制为主，兼及军事、徭役、邮传、婚制、丧制等。叙述翔实，辨正审慎，读来颇有启发，又可省翻检之劳，是有关汉代政治制度史不可多得的资料汇编。

《两汉三国政治思想》 王云五著，台湾商务印书馆1969年版。

《两汉文官制度》 曾资生著，重庆商务印书馆1941年版，1944年再版。

《汉唐宰相制度》 周道济著，台湾政治大学政治研究所1964年版。

《中国地方行政制度史》 严耕望著，台北"中研院"历史语言研究所1961年版。本书上编第一、二册专门叙及秦汉地方行政制度史，是台港学者研究秦汉官制著作中成就较大的一部，可供参考。

《秦汉官制史稿》 安作璋、熊铁基著，齐鲁书社1984年版。本书是1949年以来第一部秦汉官制史专著，举凡中央官制、地方官制，以及官吏选用、考课、赐爵、秩奉和朝位、印绶车舆、休假致仕等各项制度，无不详加论证，体系完整，内容丰富，虽有小疵，但不失为研究秦汉官制的主要参考书。

《秦汉仕进制度》 黄留珠著，西北大学出版社1985年版。本书专论秦汉选拔官吏制度。有关秦制的上编是开创性探讨，而对于汉制则着力于说明该制产生的合理性、发展的必然性及其衰亡原因，较有新意。本书资料翔实，有关表格和数字统计较详，未附国内外有关论文目录，便于读者利用。

《历史与制度——汉代政治制度试释》 廖伯源著，商务印书馆香港教育图书公司 1997 年版。

《两汉监察制度研究》 陈世材著，重庆商务印书馆 1944 年版，台湾商务印书馆 1968 年再版。

《西汉御史制度》 芮和蒸著，台北政治大学政治研究所 1964 年版。

《秦汉封国食邑赐爵制》 柳春藩著，辽宁人民出版社 1984 年版。本书是 1949 年以来第一部有关秦汉封国食邑赐爵制的专著。不仅阐明了王国和侯国、封君和关内侯、二十级赐爵制（列侯、关内侯除外）三者在封爵制中的联系与区别，以及这一制度所反映出来的阶级关系在政治法律上的等级性，同时也涉及与该制相关的经济制度、官僚制度、徭役制度、法律制度、财政制度。体系完整，创获尤多，值得一阅。

《九朝律考》 程树德著，商务印书馆 1927 年版，1935 年再版。本书卷一《汉律考》，将经、史、子、集四部书中有关汉律的记载，大略收罗齐备，附有考证，足资利用。

《秦律通论》 栗劲著，山东人民出版社 1985 年版。本书以新出土云梦秦简法律文书为主要依据，系统阐述先秦法家的基本理论和法律原则，全面论述秦的法学理论和具体实践，并就秦简研究中的有关争论问题，提出独立的见解，有较高的参考价值。

《汉律摭遗》 沈家本著，见《沈寄簃先生遗书》。沈家本是清末民初法律史名家。本书搜罗丰富，考辨尤精，可与《九朝律考》参互利用，对研究秦汉法制史颇有助益。

4. 农民战争史专著

《秦汉农民战争史》 漆侠著，生活·读书·新知三联书店 1962 年版。

本书是 20 世纪 50 年代秦汉农民战争史研究的总结性之作，也是迄今为止唯一一部综合性论著，是研究该专题的必读书。

《中国农民战争史》（秦汉卷） 朱大昀著，人民出版社 1990 年版。

《秦汉农民战争史料汇编》 安作璋著，中华书局 1982 年版。本书将各种史籍和散见于汉碑、汉简中的有关农民战争的原始资料，汇为一编，大体完备，兼有考证，可资利用。

5. 民族史专著

《两汉与西域关系史》 安作璋著，山东人民出版社 1959 年版。

《周秦少数民族研究》 蒙文通著，龙门联合书局 1958 年版。

《北狄与匈奴》 马长寿著，生活·读书·新知三联书店 1962 年版。

《乌桓与鲜卑》 马长寿著，上海人民出版社 1962 年版。

《匈奴史》 林幹著，内蒙古人民出版社 1977 年版。

《两汉迄五代入居中国之蕃人民族研究》 苏庆彬著，香港新亚研究所 1967 年版。

6. 宗教史专著

《东汉宗教史》 宋佩韦著，商务印书馆 1934 年版，1936 年、1964 年再版。

《汉魏两晋南北朝佛教史》 汤用彤著，中华书局 1955 年版。

《汉魏两晋南北朝佛教》 郭明著,齐鲁书社1986年版。

7. 社会史专著

《东周与秦代文明》 李学勤著,文物出版社1984年版。本书以丰富多彩的考古资料为主要研究对象,紧密结合文献资料,深入考察了东周列国及秦统一后的文明发展史,指出该时代的基本历史面貌是:第一,在考古学上,由青铜时代向铁器时代的过渡;第二,在经济史上,是井田制的崩溃和奴隶制关系的衰落;第三,在政治上,是以宗法为基础的分封制向中央集权的专制主义国家的过渡;第四,在文化艺术史上,则宣告百家争鸣的繁荣和结束。同时强调秦人的社会制度保留了野蛮的奴隶制,并不比东方六国先进,读来颇受启发。全书的思路和写法,也极有参考价值。

《秦汉社会文明》 林剑鸣、余华青、周天游、黄留珠著,西北大学出版社1985年版。该书首次全面论述了秦汉社会文明的时代特征,以及物质生产、物质生活和精神生活的概貌,作了较有意义的探索。取材广泛,除引用大量文献资料外,也充分利用了几个世纪以来,尤其是近几十年来的考古发掘成果,形成资料性强的特点。但在理论综合分析的深度和文明领域开发的广度上,有待于进一步提高。

《两汉社会生活概述》 谢国桢著,陕西人民出版社1985年版。

《秦汉文化史》 韩养民著,陕西人民教育出版社1986年版。本书所述为教育与经学、哲学、宗教、风俗、杂技艺术、乐舞、美术、体育、中西文化交流等九项内容,末附秦汉文化大事年表,以材料取胜,简要通俗。

《秦汉区域文化研究》 王子今著,四川人民出版社1998年版。该书分上中下三编。上编论述秦汉时代各个文化区域的划分和文化风貌,中编分析秦汉文化共同体的形成及其与各区域文化的历史传统的关系，下编探讨秦汉时代区域文化政策及其影响。全书从平民的日常生活和基层社会运行中发掘文化特质，用动态的眼光把握秦汉统一文化与区域文化之间的关系，揭示了传统文化统一性与多样性共存的历史特征。是第一部关于秦汉区域文化研究的专著。

《汉代风俗制度考》 瞿兑之著，北平广业书社1928年版。

《汉代婚丧礼俗考》 杨树达著，商务印书馆1933年版。该书是此专题的最佳考证专著，虽问世较早，至今仍有较高参考价值。

《汉代婚姻制度》 刘增贵著，台北市华世出版社1980年版。

《汉代婚姻形态》 彭卫著，三秦出版社1988年版。

《汉代服饰参考资料》 张末元著，人民美术出版社1960年版。

《礼经制度与汉代宫室》 劳榦著，昆明1940年版。

《两汉乡村社会史》 马新著，齐鲁书社1997年版。

《秦皇长城考初稿》 黄麟书著，香港珠海社1976年版。

《西汉人口地理》 葛剑雄著，人民出版社1986年版。

本书系作者的历史地理学博士论文。分别阐述了西汉不同阶段的人口数量与人口增长率、西汉人口的地理分布及其形成原因和人口迁移诸问题，填补了该方面研究的空白，有较高参考价值。

《秦汉美术史》 朱杰勤著，商务印书馆1936年版。

8. 思想史论著

《秦汉的方士与儒生》 顾颉刚著，上海人民出版社1957年修订本。顾颉刚是"古史辨"学派的创始人之一，1930年完成《五德终始说下的政治和历史》一文，考辨《汉书·律历志》中的《世经》所列古史系统。后用通俗的文字加以改写，于1935年以《汉代学术史略》为名出版。1949年后，复经修订，改为今名。其以"层累地造成的中国古史"的演进说取代康有为、崔适的刘歆伪造说，见解精深独到，是自成一家的秦汉思想史名作。

《先秦两汉之阴阳五行学说》 李汉三著，台湾维新书局 1968 年版。

《两汉思想史》 徐复观著，台湾学生书局 1976 年版。

《汉镜所反映的神话传说与神仙思想》 张金仪著，台北"故宫博物院"1981 年版。

《两汉经学与政治》 杨向奎著，独立出版社 1945 年版。

《秦汉新道家略论稿》 熊铁基著，上海人民出版社 1984 年版。本书在探讨《吕氏春秋》《淮南子》《文子》《新语》《论六家要指》《论衡》《经法》四篇等论著后，指出《汉书·艺文志》所言"杂家"实为秦汉之际的新道家，与先秦道家既有承继关系，又在新形势下有所创新。其兼容儒、墨、名、法诸家之长，变"逃世"为"入世"，变消极的"无为而无不为"为积极的"无为而无不为"，在秦汉政治和社会生活中产生了积极的影响。其说虽未必尽善，然颇有新意，发人深思，值得一读。

9. 历史人物传

《秦始皇帝传》 马元材著，商务印书馆 1941 年版，江苏古籍出版社 1983 年增订本。名其为传，实为资料汇编，可供检阅。

《秦始皇》 杨宽著，上海人民出版社 1956 年版。

《论汉武帝》 张维华著，上海人民出版社 1957 年版。

《汉武帝传》 林旅华著，香港三省社 1958 年版。

《司马迁年谱》 郑鹤声著，商务印书馆 1931 年版，1956 年再版。

《司马迁评传》 肖黎著，吉林文史出版社 1986 年版。本书是一部比较好的司马迁传，全面论述了司马迁的生平及其在史学、文学和思想各领域所做出的杰出贡献。不仅融汇了 1949 年以来司马迁研究的优秀成果，又从司马迁思想研究方面入手，提出自己独到的见解，值得一读。开篇对 1951 年以来《史记》研究作了述评，也颇益于读者。

《司马迁研究》　刘伟民著，台湾编译馆 1975 年版。

《桑弘羊传》　马元材著，中州书画社 1981 年版。

《桑弘羊年谱订补》　马元材著，中州书画社 1982 年版。以上二书均以资料取胜，有关桑弘羊的材料大略赅备，足资利用。

《桑弘羊研究》　吴慧著，齐鲁书社 1981 年版。该书是一部全面论述桑弘羊生平及其经济政策、经济思想和处理民族关系政见的专著，有一定参考价值。

《王莽》　李鼎芳著，上海新知社 1956 年版。

《王莽传》　孟祥才著，天津人民出版社 1982 年版。本书是王莽传记中较好的一部。其全面评述王莽代汉而立的社会背景，王莽新朝的性质和社会基础，以及王莽新朝迅速灭亡的原因。尤其在深入剖析王莽"新政"的内容及其社会效果，王莽改制的指导思想、个人品质和民族政策的基础上，得出王莽是个应否定的历史人物的结论。值得一读。

《班固年谱》　郑鹤声著，商务印书馆 1931 年版。

《班固与汉书》　安作璋著，山东人民出版社 1979 年版。

《张衡年谱》　孙文青著，商务印书馆 1956 年版。

10. 论文集

《汉史初探》　安作璋著，学习生活出版社 1955 年版。本书所收主要是有关西汉农业经济和农民生活的论文四篇，另收与该专题相关联的《论桑弘羊》和《西域都护的建置及其作用》二篇论文。

《两汉社会性质问题及其他》　王思治著，生活·读书·新知三联书店 1980 年版。本书作者主张魏晋封建说，认为两汉处于奴隶社会阶段，其代表性论文汇于此书。

《汉史论集》 张维华著，齐鲁书社 1980 年版。本书所收是有关司马迁、汉武帝的评价，西汉诸侯王国和汉与西域关系等方面的研究论文共七篇。

《秦汉史论集》 高敏著，中州书画社 1982 年版。本书收入有关秦汉经济史、政治史、阶级关系史和农民战争诸方面的论文十三篇。具有较高的学术价值。

《秦汉问题研究》 张传玺著，北京大学出版社 1985 年版。本书所收有关于秦汉史研究方法论文二篇，秦汉土地制度史论文六篇，中国古代契约论文三篇，秦汉社会经济方面论文三篇，秦汉地理和交通的论文四篇，以及秦汉历史人物和事件的评价论文八篇，共计二十六篇。引证广博，论辨精当，具有较高的学术价值。

《劳榦学术论文集甲编》 劳榦著，台湾艺文印书馆 1976 年版。本书是劳榦在长期研究汉简的基础上，结合历史文献，所写秦汉史论文的汇集。论文内容涉及政治、经济、军事、文化乃至社会生活各个领域，尤以官制研究最为突出，创见迭出，具有较高的学术价值。

《先秦及两汉历史论文集》 李则芳著，台北商务印书馆 1981 年版。

《汉史论集》 韩复智著，台北文史哲出版社 1980 年版。

《汉唐史论集》 傅乐成著，台北联经出版事业公司 1977 年版。

《三代秦汉魏晋史研究论集》 台湾大陆杂志社编，大陆杂志社 1967 年版。

《秦汉史及中古史前期研究论集》 台湾大陆杂志社编，大陆杂志 1967 年版。

《秦汉史论丛》第一、二、三辑 中国秦汉史研究会编，陕西人民出版社 1981 年、1983 年、1986 年版。

11. 工具书

《战国秦汉史论文索引》 张传玺等编，北京大学出版社 1983 年版。

《汉晋学术编年》 刘汝霖编著，商务印书馆 1935 年版。

《汉史文献类目》 马先醒编著，台湾简牍社 1976 年版。

《中国历史地图集》 第二册 谭其骧主编，地图出版社 1982 年版。

《中国古代度量衡图集》 国家计量总局、中国历史博物馆、故宫博物院主编，文物出版社 1984 年版。

（四）国外重要秦汉史专著选目

1. 日本

《两汉租税的研究》 吉田虎雄著，1942 年版。

《支那经济史考证》 上册 加藤繁著，东洋文库 1952 年版。商务印书馆 1959 年出版吴杰译本，书名作《中国经济史考证》。

《汉代社会经济史研究》 宇都宫清吉著，弘文堂 1955 年版。

《王莽》 栗原朋信著，筑摩书房 1960 年版。

《秦汉史研究》 栗原朋信著，吉川弘文馆 1960 年版。

《中国古代的社会与国家》 增渊龙夫著，弘文堂 1960 年版。本书以秦汉帝国成立过程中的社会研究为主。

《豪族社会的发展》 五井直弘著，筑摩书房 1960 年版。

《中国古代帝国的形成与构造》 西嶋定生著，东京大学出版会 1961 年版。本书侧重于二十等爵制的研究，提出秦汉帝国的形成，是皇帝通过爵制，把皇帝和小农在内部结合起来，自上而下地形成了作为人身支配对象的小农所居住的里的秩序。这种以共同体形式为设想依据的新见解，对日本秦汉史研究产生了较大的影响，并引起激烈的争论。

《秦汉政治制度研究》 镰田重雄著，日本学术振兴会1962年版。

《楼兰王国》 长泽和俊著，角川书店1963年版。

《秦汉帝国》 日比野丈夫著，人物往来社1966年版。

《秦汉隋唐史研究》 浜口重国著，东京大学出版会1966年版。

《纬书基础的研究》 安居香山、中村璋八著，汉魏文化研究会1966年版，图书刊行社1976年版。

《中国经济史研究》 西嶋定生著，东京大学出版会1966年版。

《项羽》 永田英正著，人物往来社1966年版。

《中国古代的田制和税法》 平中苓次著，东洋史研究会1967年版。本书以秦汉经济史研究为中心。

《中国古代的家族和国家》 守屋美都雄著，东洋史研究会1968年版。本书以研究汉代爵制、阡陌制度、汉初统治集团特点和汉代家族制为中心，探索中国古代帝国的结构及其与家族制的关系的问题，兼论中国古代法律史有关问题。

《秦汉帝国》 西嶋定生著，讲谈社1974年版。

《秦汉帝国的威容》 大庭脩著，讲谈社1977年版。

《中国民众叛乱史》秦至唐分册 谷川道雄、森正夫著，平凡社1978年版。

《秦汉帝国史研究》 好并隆司著，未来社1978年版。

《汉代研究文献目录》 早苗良雄编，朋友书店1978年版。

《中国古代的家和国家》 尾形勇著，岩波书店1979年版。

《中国古代农民叛乱的研究》 木村正雄著，东京大学出版会1979年版。

《汉武帝》 影山刚著，教育社1979年版。

《汉长安城和阡陌、县乡亭里制度》 古贺登著，雄山阁1980年版。

《中国古代之社会和经济》 西嶋定生著，东京大学出版会1981年版。

《中国古代之叛乱》 福井重雅著，教育社1982年版。

《秦汉法制史研究》 大庭脩著，创文社1982年版。林剑鸣等中译本，上海人民出版社1991年版。

本书是作者研究秦汉简牍论文的汇集，创见颇多，具有较高的学术价值。

《中国古代国家和东亚世界》 西嶋定生著，东京大学出版会1983年版。

《中国古代的城》 五井直弘著，研文出版会1983年版。

《中国古代的工商业和买卖制》 影山刚著，东京大学出版会1984年版。本书是以汉代工商业、盐铁专卖和都市结构为主要研究对象的论文集。

《木简学入门》 大庭脩著，讲谈社1984年版。

《中国古代社会论》 渡边信一郎著，青木书店1986年版。本书是关于秦汉小农经营和阡陌制的论文集。

《汉代思想的研究》 日原利国著，研文出版会1986年版。本书是关于春秋公羊学、《盐铁论》《白虎通》的论文集。

《古代中国的画象石》 士居淑子著，同明舍1986年版。

2. 欧美国家

（1）美国

《东方专制主义：极权比较研究》 魏特夫著，1947年版。

《公元2—742年的中国人口调查》 汉斯·比伦施泰根（中文名毕汉斯）著，1947年瑞典版。

《汉朝的中兴》 汉斯·比伦施泰根著，1950年瑞典版。

《汉代的贸易和扩张：华夷经济关系结构研究》 余英时著，1967年版。

《汉代的社会结构》 瞿同祖著，1972年版。

《古代中国的节日：汉代的新年和其他年度庆典》 德尔克·卜德著，1975年版。

《荀悦：中世纪初期儒家的生平和意见》 陈启云著，1975年版。

《秦始皇：历史学的政治》 李幼宁著，1975年版。

《汉代的结婚和离婚》 杰克·杜尔（中文名杜敬轲）著，1977年版。

《汉匈之间的战争与和平：汉武帝军事扩张的起源》 张春树著，1979年版。

《汉代的农业》 许倬云著，1980年版。

《汉代的官职》 毕汉斯著，1980年版。

（2）英国

《前汉史》 翟默·多布（中文名德效骞）著，1938—1955年版。

《汉代军事史》 鲁惟一著，1961年版。

《汉代行政文书记录》 鲁惟一著，1967年版。

《汉代的中华帝国初期的日常生活》 鲁惟一著，1968年版。

《公元前104年—公元9年汉代的危机与冲突》 鲁惟一著，1974年版。

《中国汉代的危机与斗争》 劳尔威·迈克尔著，1974年版。

《通往天堂之路——中国人寻求人的永生》 鲁惟一著，1979年版。

(3) 法国

《**古代中国**》 马伯乐著，1927 年版。

《**汉代中国人的私生活**》 马伯乐著，1932 年版。

《**关于汉代的某些物品**》 马伯乐著，1932 年版。

《**中国宗教和历史杂文集**》 马伯乐著，1950 年版。

《**中国社会**》 谢和纳著，1972 年版。

(4) 德国

《**论王莽**》 汉斯·施泰根著，1939 年版。

(5) 澳大利亚

《**汉代的结束**》 德·克拉斯培戈尼·拉夫著，1969 年版。

《**后汉反抗的预兆：襄楷对桓帝的奏本**》 雷夫·德·克雷斯皮尼著，1976 年版。

四　秦汉史论文索引

论文索引简目

（一）国内秦汉史论文选目 …………………………………… 151
　1. 综论 …………………………………………………………… 151
　2. 政治史 ………………………………………………………… 153
　　（1）政治结构与政治思想 ……………………………………… 153
　　（2）分封制和爵制 ……………………………………………… 154
　　（3）官制 ………………………………………………………… 155
　　（4）户籍与乡亭制 ……………………………………………… 156
　　（5）法制 ………………………………………………………… 157
　　（6）兵制 ………………………………………………………… 158
　3. 经济史 ………………………………………………………… 159
　　（1）经济结构、经济政策及经济思想 ………………………… 159
　　（2）土地制度 …………………………………………………… 161
　　（3）赋税徭役制度 ……………………………………………… 162
　　（4）农业 ………………………………………………………… 164
　　（5）手工业 ……………………………………………………… 165
　　（6）商业 ………………………………………………………… 166

（7）交通 …………………………………………… 168
　4. 阶级、阶级矛盾和农民战争 ……………………… 168
　　（1）阶级结构 ………………………………………… 168
　　（2）农民起义 ………………………………………… 171
　5. 社会史 ………………………………………………… 173
　6. 民族史 ………………………………………………… 175
　7. 中外关系 ……………………………………………… 178
　8. 思想文化 ……………………………………………… 179
　9. 人物评价 ……………………………………………… 181

（二）日本秦汉史论文选目 …………………………………… 184
　1. 综论 …………………………………………………… 184
　2. 政治史 ………………………………………………… 185
　3. 经济史 ………………………………………………… 189
　4. 社会史 ………………………………………………… 193
　5. 民族史 ………………………………………………… 194
　6. 历史人物评价 ………………………………………… 195
　7. 思想文化 ……………………………………………… 195

论文索引

（一）国内秦汉史论文选目

张传玺、胡志宏、陈柯云、刘华祝所编《战国秦汉史论文索引》，已将1900—1980年国内（包括中国台湾、香港地区中文报刊）所发表的有关秦汉史的论文，几乎搜罗齐备，极便于用。所以本选目有关这80年的部分，仅选取其中重要的或有代表性的篇章，其余从略。而1981—1986年上半年所发表的论文则多选（限于条件，中国台湾、香港地区部分不录），以供读者检索。

1. 综论

秦汉史总论　瞿兑之　学术界第2卷第1期　1944.2.

试论中国自秦汉时代成为统一国家　范文澜　历史研究　1954.3.

秦汉历史上的若干问题　翦伯赞　历史学　1979.1.

秦的统一与覆亡　劳榦　史语所集刊第48本第2分册　1977.8.

论秦汉时期在中国历史上的地位　林剑鸣　人文杂志　1982.5.

关于秦史若干问题的辨析　黄灼耀　华南师范学院学报1980.1.

秦汉统一之由来和我国人对于世界的想象　顾颉刚　语历所周刊第1卷第1期　1927.10.

秦汉制度渊源初论　郭人民　河南师范大学学报　1981.4.

关于两汉社会性质问题的探讨——兼评翦伯赞先生的《关于两汉的官私奴婢问题》　王思治　杜文凯　王汝丰　历史研究　1955.1.

汉代是奴隶社会还是封建社会？——读王思治、杜文凯、王汝丰三同志《关于两汉社会性质问题探讨》之后　杨伟立　魏君弟　历史研究 1956.2.

对《关于两汉社会性质问题探讨》一文中所引《史记》、两《汉书》的解释的意见 李鼎芳 历史研究 1956.7.

再论汉代是奴隶社会 王思治 历史研究 1956.9.

汉代政权严重打击奴隶主——古代分期争论中的又一关键性问题 郭沫若 人民日报 1956.12.6.

略论汉代政权的本质——答复日知先生 郭沫若 人民日报 1957.3.5.

替汉代奴隶所有者算一算账 戚其章 光明日报 1957.4.11.

汉代奴隶制应如何理解 日知 光明日报 1957.5.23.

汉代政权果曾严重打击奴隶主吗？ 金兆梓 学术月刊 1957.5.

汉代奴隶制说的根本缺陷在哪里？——对《再论汉代是奴隶社会》一文的意见 胡珠生 历史研究 1957.7.

略论战国秦汉的社会性质 童书业 新建设 1957.8.

试论两汉时代的社会性质 张恒寿 历史研究 1957.9.

论战国秦汉的社会性质 卢南乔 山东大学学报 1959.4.

两汉经济制度和政治制度——关于两汉社会性质问题的讨论 安作璋 山东师范学院学报 1959.5.

释汉简中有关社会性质诸例 黄烈 历史研究 1957.6.

汉魏之际封建说 何兹全 历史研究 1979.1.

罗马与汉代奴隶制的比较研究 马克尧 历史研究 1981.3.

从奴婢在农工商业中的地位看汉代社会性质 马植杰 史学月刊 1981.3.

汉代是奴隶社会吗？ 沈长云 天津社会科学 1983.3.

汉代奴隶社会说质疑 李大生 史学集刊 1983.2.

从人口数量规模变化规律看中国古史分期 袁祖亮 郑州大学学报

1985.3.

秦王朝——一个没有理论的时代　劲勤　华东师范大学学报
　　1985.6.

近六十年来国人对秦汉史的研究　马先醒　史学汇刊第4期
　　1971.12.

2. 政治史

（1）政治结构与政治思想

略论秦汉以来专制主义中央集权制度　巩绍英　历史教学　1965.1
　　1965.2.

略论秦汉统治思想的两次重大转变　臧云浦　徐州师院学报
　　1982.4.

秦政、汉政与文吏、儒生　阎步克　历史研究　1986.3.

名家与西汉吏治　戴君仁　文史哲学报　第17期　1968.6.

汉初政治思想论　吴嘉勋　浙江学刊　1984.3.

汉代统治思想选择的重要环节——浅论陆贾思想的时代条件和历史作
　　用　刘修明　湖南师范学院学报　1984.2.

西汉初年黄老政治思想　张维华　中国社会科学　1981.5.

董仲舒的政治思想　杨树藩　政治大学学报　第2期　1960.12.

董仲舒的政治思想　刘泽华　历史教学　1965.6.

司马迁与董仲舒政治思想相通论　施丁　中国史研究　1981.2.

论董仲舒的政治学说及其进步历史作用——兼论其王道理论与天道观
　　的关系　吴光　浙江学刊　1982.4.

司马迁的政治思想　刘炳福　学术月刊　1963.11.

关于司马迁的政治思想——与刘炳福同志商榷　李星　学术月刊
　　1964.6.

从《史记》看司马迁的政治思想　来新夏　文史哲　1981.2.

论西汉"中外朝"的形成及其作用　苏诚鉴　江淮论坛　1983.4.

博士制度和秦汉政治　周予同　汤志钧　新建设　1963.1.

东汉政治制度与军阀割据　李孔怀　中国史研究　1981.2.

论外戚政治　张志哲　福建论坛　1986.1.

汉初"布衣将相"浅论　唐赞功　中国史研究　1984.1.

论西汉酷吏的产生、职能和特点　马建石　徐世虹　中国政法大学学报　1984.4.

（2）分封制和爵制

论秦汉的分封制　杨宽　中华文史论丛　1980.1.

试论秦王朝郡县与分封之争　栾保群　天津师范学院学报　1978.3.

怎样评价秦汉之际的郡县制和分封制　王德培　历史教学　1986.1.

分封是刘邦战胜项羽的一个重要原因　胡一华　毕英春　求是学刊　1985.1.

两汉的封侯制度　柳春藩　松辽月刊　1984.3.

论汉初的分封制　杨伟立　社会科学研究（四川）　1985.2.

汉初"郡国并行"政体刍议　李孔怀　复旦学报　1985.2.

汉初侯邑分布　钱穆　齐鲁学报　第1期　1941.1.

关内侯食邑考　胡大贵　四川大学学报　1986.1.

关于两汉食封制度的几个问题　谢忠梁　四川大学学报　1959.3.

汉代封国食邑制度的性质　冯辉　求是学刊　1983.6.

西汉的食邑制度　柳春藩　南充师院学报　1984.2.

东汉的封国食邑制度　柳春藩　史学集刊　1984.1.

秦的赐爵制度变化的奥秘　高敏　光明日报　1983.5.25.

军功爵在西汉的变化　朱绍侯　河南师大学报　1983.1.

战国秦汉时期爵制和编户民称谓的演变　杨一民　学术月刊

1982.9.

秦汉士伍异同考　秦进才　中华文史论丛　1984.2.

（3）官制

云梦秦简所见职官述略　于豪亮　文史　8.

秦代中央官制简论　林剑鸣　西北大学学报　1983.1.

秦置相邦丞相考异　聂新民　刘云辉　人文杂志　1984.2.

有关秦和汉初丞相二三事　李光霁　天津社会科学　1982.3.

秦汉时期独相制论纲　王云度　吉林大学学报　1997.2.

西汉中枢职官的设置和演变　许树安　北京大学学报　1986.5.

两汉的尚书台与宫廷政治　翦伯赞　中华论坛　第1卷第5、6期
　　1945.4.

宫省制度与秦汉政治　孙福喜　西北大学学报　1997.3.

汉魏中书　杨鸿年　文史　1963.2.

太尉非秦官考辨　汤其领　中国史研究　1997.1.

论西汉大司农职掌的阶级特征　罗庆康　益阳师专学报　1986.2.

两汉谒者官制初探　魏向东　苏州大学学报　1985.2.

御史大夫职掌辩　张金龙　北京大学学报　1985.4.

秦汉御史大夫的职能　王勇华　首都师大学报　1995.1.

试论秦汉御史制度　苏俊良　北京师院学报　1981.2.

战国秦汉的监察和视察地方制度　杨宽　社会科学战线　1982.2.

汉代监察制度述略　刘修明　光明日报　1984.8.29.

论秦汉至初唐间的中央财政管理机构　王三北　西北师院学报
　　1984.4.

西汉王国官制考实　吴荣曾　北京大学学报　1990.3.

西汉京畿制度的特征　[韩]崔在容　历史研究　1996.4.

汉代郡政府行政职能考察　陈长琦　暨南学报　1993.1.

秦汉博士官的设置及其演变　张汉东　史学集刊　1984.1.
论秦汉的学吏制度　张金光　文史哲　1984.1.
秦汉课计制度　李孔怀　中国古代史论丛　1981.1.
新莽职官考　饶宗颐　东方学报　1959.1.
汉宣吏治简论　秦呈瑞　天津社会科学　1982.4.
汉末三国时期的"质任"制度　宋杰　北京师院学报　1984.1.
秦汉职官制度的形成与影响　臧云浦　徐州师院学报　1981.2.
汉代的选官制度　安作璋　山东师院学报　1981.2.
汉代官吏的选拔和任用　李孔怀　文汇报　1980.8.15.
两汉前期人事制度的改革　黄留珠　西北大学学报　1983.2.
西汉时期的人才选拔和培养　姚治中　安徽史学　1984.2.
西汉功劳阀阅制度　朱绍侯　史学月刊　1984.3.
试论东汉举孝廉制度的利弊　黄留珠　西北大学学报　1980.2.
西汉诏举考　孔玉芳　中国文化研究汇刊　第2辑　1942.9.
东汉诏举制度考　孔玉芳　中国文化研究汇刊　第3辑　1943.9.
秦律"葆子"释文　张政烺　文史　1981.9.
两汉"任子"问题探讨　廖晓晴　辽宁大学学报　1983.5.
任子制新探　张非凯　中国史研究　1996.1.
博开艺能之路，悉延百端文学——论汉武帝用人制度　罗义俊　社会科学（上海）　1983.6.
秦汉时期的官吏使用法规　仝晰纲　学术界　1994.5.

　　（4）户籍与乡亭制

"民数"与汉代封建政权　王毓铨　中国史研究　1979.3.
汉代的户籍和上计制度　韩连琪　文史哲　1978.3.
秦乡官制度及乡、亭、里关系　张金光　历史研究　1997.6.
汉代亭与乡、里不同性质不同行政系统说　王毓铨　历史研究

1954. 2.
汉代亭的性质及其行政系统　蔡美彪　光明日报　1954. 12. 23.
汉代亭的性质和它在封建统治上的意义　王毓铨　光明日报 1955. 3. 1.
汉代乡亭制度浅论　朱绍侯　河南师大学报　1982. 1.
秦国乡、里、亭新考　罗开玉　考古与文物　1982. 5.
有关秦汉乡亭制度的几个问题　傅举有　中国史研究　1985. 3.
秦汉"都亭"考略　高敏　学术研究　1985. 5.
从汉代"部"的概念释县乡亭里制度　周振鹤　历史研究　1995. 5.
秦汉啬夫考　钱剑夫　中国史研究　1980. 1.
秦国"什伍"、"伍人"考　罗开玉　四川大学学报　1981. 2.

　　（5）法制

试论战国、秦、汉时期立法指导思想的演变　孙宗洲　杭州师院学报 1986. 1.
云梦秦律简论　黄展岳　考古学报　1980. 1.
睡简杂辨　陈抗生　中国历史文献研究集刊　1.
战国时期秦封建法制的发展　崔春华　辽宁大学学报　1980. 5.
从云梦出土的竹简看秦代的法律制度　刘海年　学习与探索 1980. 2.
秦代法吏体系考略　刘海年　学习与探索　1982. 2.
略谈秦的法官法吏制　黄留珠　西北大学学报　1981. 1.
秦律赀罚制度述论　吕名中　中南民族学院学报　1982. 3.
关于中国岁刑的起源——兼谈秦刑徒的刑期和隶臣妾的身份　刘海年　法学研究　1985. 5. 6.
谈"隶臣妾"与秦代的刑罚制度　钱大群　法学研究　1983. 5.
再谈隶臣妾与秦代的刑罚制度　钱大群　法学研究　1985. 6.

亦谈"隶臣妾"与秦代的刑罚制度　李力　法学研究　1984.3.
秦律和罪刑法定主义　栗劲　法学研究　1984.3.
秦律赀罚甲盾与统一战争　石子政　中国史研究　1984.2.
秦律中的经济制裁　张铭新　武汉大学学报　1982.4.
"居赀"非刑名辨——兼论秦律中的几个问题　朱绍侯　孙英民　许昌师院学报　1982.2.
居延简中所见汉代《囚律》佚文考　初师宾　肖亢达　考古与文物　1984.2.
"谪戍制"考析　臧知非　徐州师院学报　1984.3.
秦律中的奖惩责任制　朱绍侯　孙英民　光明日报　1983.1.12.
从秦律"渎职罪"看秦代对官吏玩忽职守的处分　黄展岳　光明日报　1981.6.8.
秦汉刑徒的考古资料　张政烺　北京大学学报　1958.3.
秦刑徒刑期辨证　李力　史学月刊　1985.3.
秦汉族刑考　陈乃华　山东师大学报　1985.4.
《春秋》决狱初探　萧伯符　湖北财经学院学报　1984.4.
西汉对法律的改革　于豪亮　中国史研究　1982.2.
论西汉初年对刑律的修正　张维华　文史哲　1982.5.
略论汉代的弛刑徒　张鹤泉　东北师大学报　1984.4.
《奏谳书》解说　李学勤　文物　1993.8.
西汉刑制改革新探　张建国　历史研究　1996.6.
西汉官吏立法研究　李振宏　中国史研究　1992.4.

　　（6）兵制

汉代兵制述略　陈连庆　史学集刊　1983.2.
关于汉代的践更、卒更和过更　谢宗陶　历史教学　1956.12.
东汉更役、戍役制度的废止　贺昌群　历史研究　1962.5.

秦汉的徭役和兵役　孙言诚　中国史研究　1987.3.
秦兵与秦卒——由秦俑谈起　王学理　西北大学学报　1978.1.
秦俑军阵浅析　王学理　陕西师大学报　1978.4.
秦俑军阵初探　白建钢　西北大学学报　1981.3.
西汉南北军的由来及其演变　苏诚鉴　安徽师大学报　1980.3.
汉代期门羽林考释　黄今言　历史研究　1986.2.
西汉步、骑兵兵种初探　白建钢　西北大学学报　1986.1.
汉代楼船考　包遵彭　"中研院"民族学研究所集刊　第22期　1966.9.
西汉部曲初探　柯友根　厦门大学学报　1963.2.
两汉军费问题研究　胡宏起　中国史研究　1996.4.
秦汉时代刑徒从军的几个问题　荀德麟　苏州大学学报　1983.3.
"汉军法"辑补　吴忠匡　中华文史论丛　1981.1.
从居延汉简看西汉在西北的屯田　杨剑虹　西北史地　1984.2.
汉代河西屯田简论　武守志　社会科学（甘肃）　1981.2.
西汉的屯田　李祖德　复旦学报　1964.1.
东汉的屯田制　陈连庆　东北师大科学集刊　1957.8.

3. 经济史

（1）经济结构、经济政策及经济思想

论秦汉封建国家的农业政策——关于政治权力与经济发展关系的考察　林甘泉　第十六届国际历史科学大会中国学者论文集　1985.
中国封建社会的个体经济和赋税地租剥削率　谢天佑　王家范　上海师大学报　1980.2.
秦代经济立法原则及其意义　高敏　学术研究　1986.2.
秦代经济研究　吕振羽　文史　第1卷第3期　1934.8.

"更名民曰黔首"的历史考察　张传玺　北京大学学报　1980.1.

"使黔首自实田"试析　李永田　群众论坛　1981.2.

汉代的经济政策　蒙文通　说文月刊　第4期　1944.6.

汉唐封建生产关系的变革　简修炜　华东师大学报　1985.5.

略论汉高祖吕后时期的政治与经济　荀德麟　文科通讯（淮阴教育学院）　1985.4.

试论西汉时代的小自耕农经济　刘毓璜　南京大学学报　1959.1.

汉代豪强经济的历史地位　杨一民　历史研究　1983.5.

东汉时期荆扬二州经济的发展　孔祥宏　中国社会经济史研究　1984.4.

秦末农民战争后的社会和汉初生产力的发展　孙达人　陕西师大学报　1978.2.

西汉初没有实行过"让步政策"　熊铁基　光明日报　1979.1.30.

汉初几个政策的重新探讨　罗镇岳　山西大学学报　1979.1.

论文景之治　张大可　历史研究　1979.7.

论让步政策　孙祚民　社会科学战线　1980.2.

论司马迁的经济思想　肖黎　中南民族学院学报　1984.1.

司马迁的经济地理分区——司马迁《史记·货殖列传》读后　冯志毅　兰州学刊　1984.2.

析民本——对先秦至西汉"民本"思想的考察　劭勤　历史研究　1985.6.

略道王符的民本思想　王鑫义　人文杂志　1986.1.

谈谈桑弘羊的二三事　陈世辉　光明日报　1962.1.3.

评盐铁会议　张烈　历史研究　1977.6.

《盐铁论》论战双方的经济思想　谢天佑　王家范　中国史研究

1982. 1.

关于汉武帝盐铁官营政策的两个问题——与傅筑夫先生商榷　张兆凯　益阳师专学报　1983. 1.

再论桑弘羊与盐铁会议　许辉　南京师大学报　1984. 4.

(2) 土地制度

秦汉间封建土地所有制的形式与农民地主的关系　贺昌群　历史研究　1961. 3.

论中国封建社会土地所有权的法律观念　张传玺　北京大学学报　1980. 6.

秦汉时代土地制度与生产关系　朱绍侯　开封师院学报　1960. 1.

论秦的土地所有制形式　姚澄宇　南京师院学报　1980. 4.

试论秦的土地国有制　宋敏　求是学刊　1980. 4.

试论秦自商鞅变法后的土地制度　张金光　中国史研究　1983. 2.

从睡虎地秦墓竹简看秦的土地制度　潘策　历史教学与研究　1983. 2.

关于秦代土地所有制的几个问题　杜绍顺　华南师大学报　1984. 2.

四川青川秦墓为田律木牍考释——并略论战国古代田亩制度　胡淀咸　安徽师大学报　1983. 3.

汉以前封建地主土地所有制的发展和确立　张传玺　北京大学学报　1961. 2.

两汉地主土地所有制的发展　张传玺　北京大学学报　1961. 3.

试论两汉的土地所有制和社会经济结构　赵俪生　文史哲　1982. 5.

论两汉的土地占有形态　贺昌群　历史研究　1955. 2.

西汉初期的土地问题　尹湘豪　新史学通讯　1955. 8.

试论汉代的土地所有制形式　江泉　文史哲　1957. 9.

论汉以后公有土地分配制的存留　束世澂　历史教学问题　1957. 5.

论汉代的公田及其性质　王思治　教学与研究　1961.2.

西汉土地私有制的法典化　黄永奎　光明日报　1961.8.30.

论两汉封国食邑制下的土地所有制和剥削形态　韩连琪　山东大学学报（历史版）　1963.1.

再谈"公作"和"分地"　孙达人　光明日报　1963.6.5.

战国秦汉间地主占田的最低限　徐扬杰　中国社会经济史研究　1983.2.

西汉的土地兼并与限田政策　窦连荣　宁夏大学学报　1984.3.

西汉限田政策的演变与发展　罗庆康　益阳师专学报　1985.3.

论汉代"假民公田"制的两种类型　高敏　求索　1985.1.

论两汉的公田　张荣芳　中山大学学报　1985.1.

汉代的公田和假税　祝瑞开　西北大学学报　1980.2.

论汉代"公田"的"假税"　柳春藩　中国史研究　1983.2.

西汉的"分田劫假"与土地兼并　韩养民　西北大学学报　1981.1.

论汉晋南朝的封建庄园制度　刘毓璜　历史研究　1962.3.

东汉大土地所有制的发展和庄园制的兴起　韩连琦　山东大学文科论文集刊　1979.1.

试论东汉时期的封建庄园　何天明　内蒙古师大学报　1984.1.

东汉庄园经济说质疑　白文固　青海师大学报　1984.3.

汉唐间"一丁百亩"的规定与封建占有制——兼论小农经济生产和生活　谷霁光　江西大学学报　1963.1.

西汉地价初探　李振宏　中国史研究　1981.2.

汉代卖地券考　吴天颖　考古通讯　1982.1.

汉代徐胜买地券真伪考　袁祖亮　郑州大学学报　1984.1.

　　（3）赋税徭役制度

秦自商鞅变法后的租赋徭役制度　张金光　文史哲　1983.1.

四 秦汉史论文索引

秦汉赋税徭役制度初探　熊铁基　华中师院学报　1978.1.

汉代的田租口赋和徭役　韩连琪　文史哲　1956.7.

试论刘邦赋役制度的实质　罗庆康　益阳师专学报　1983.2.

论汉唐间赋税制度的变化——封建社会前期赋税制度中地、资、丁、户之间的关系的研究　谷霁光　江西大学学报　1964.2.

从江陵凤凰山十号汉墓出土简牍看汉代的口钱、算钱制度　高敏　文史　20.1984.

汉代"赋额"试探　岳庆平　中国史研究　1985.4.

"头会箕敛"与"八月算人"　苏诚鉴　中国史研究　1983.1.

汉代的"更赋"、"訾算"与"户赋"　田泽滨　东北师大学报　1984.4.

汉代田税征课中若干问题的考察　黄今言　中国史研究　1981.2.

关于两汉的地租和地税　刘华祝　北京大学学报　1981.4.

汉代田税征收方法辨析　杜绍顺　中国史研究　1985.3.

汉代封君衣食税制蠡测　朱绍侯　松辽学刊　1985.1.

汉文帝免收田税十二年说质疑　周园林　华中师院研究生学报　1982.3.

也谈汉代田税征课中的若干问题　罗镇岳　中国史研究　1982.3.

汉屯田劳动者所受剥削之性质与数额上的差异　赵俪生　西北师院学报　1982.2.

汉代水税质疑　施正康　中国史研究　1984.2.

西汉"三十税一"和"献费"初探　魏良弢　南京大学学报　1980.3.

西汉献费考　周振鹤　周翔鹤　中华文史论丛　1981.4.

秦汉徭役制度辨析　高敏　郑州大学学报　1985.3.

关于秦汉徭役的若干问题——与钱剑夫同志商榷　施伟青　中国史研

究 1986.2.

试论秦汉的"正卒"徭役 钱剑夫 中国史研究 1982.3.

从秦始皇陵的考古资料看秦王朝的徭役 袁仲一 中国农民战争史研究集刊 3.

西汉徭役制度简论 黄今言 江西师院学报 1982.3.

试论西汉徭役制度的特点 罗庆康 中国社会经济史研究 1985.4.

《九章算术》记载的汉代徭役制度 宋杰 北京师院学报 1985.2.

西汉适龄男子戍边三日说质疑 于豪亮 考古 1982.4.

试析西汉男子"屯戍一岁"与"戍边三日" 罗镇岳 中国史研究 1984.1.

(4) 农业

秦汉的自然经济与商品经济 林甘泉 中国经济史研究 1997.1.

从睡虎地秦墓竹简看秦代的农业经济 安作璋 秦汉史论丛 1.1981.

汉代的农业经济循环论 胡寄窗 江汉学报 1963.4.

西汉农业生产发展探讨 柳维本 辽宁师院学报 1981.2.

西汉时期我国的农业区域概论 阎万英 农业考古 1981.2.

试论西汉时期的"官营农业" 杨生民 北京师院学报 1980.2.

汉代农业生产漫谈 宁可 光明日报 1979.4.10.

汉代的农业生产水平有多高——与宁可同志商榷 赵德馨等 江汉论坛 1979.2.

有关汉代农业生产的几个数字 宁可 北京师院学报 1980.3.

汉代农业生产水平问题试探 徐扬杰 史学月刊 1982.3.

关于西汉农业生产的几个问题 孟明汉 河北师院学报 1983.2.

前汉时代的农业生产 陈垣力 农业学报 1956.2.

关于西汉农业中的收获量 戚其章 光明日报 1957.2.14.

谈西汉农产量　杜文凯　光明日报　1957.8.28.
汉代亩产与钟容量考辨　高志辛　中国史研究　1984.1.
从出土文物看汉代农业生产技术　陈文华　文物　1985.8.
论牛耕在秦汉封建社会中的作用　张春辉　中国农史　1984.3.
说西汉牛耕的普遍使用及其在农业生产上的重要作用——兼与王思治
　同志商榷几个问题　戎笙　光明日报　1958.2.3.
耦耕考　万国鼎　农业研究集刊　1959.1.
谈耦耕　何兹全　中华文史论丛　1963.3.
耦耕新解　汪宁生　文物　1977.4.
试论汉唐间的水稻生产　张泽咸　文史　18.1983.
秦代的粮仓管理　宫长为　东北师大学报　1986.2.
略论秦汉时期的园圃业　余华青　历史研究　1983.3.
秦汉林业初探　余华青　西北大学学报　1983.4.
秦唐时期林业经济思想及历史启示　古开弼　农业考古　1985.1.
秦汉时代的畜牧业　余华青　张廷皓　中国史研究　1982.4.
秦汉边郡牧师苑的兴衰及其影响　余华青　人文杂志　1984.1.
汉代酿酒业探讨　余华青　张廷皓　历史研究　1980.5.
秦汉时期的渔业　余华青　人文杂志　1982.5.

　　(5) 手工业

说秦汉到明末官手工业和封建制度的关系　白寿彝　王毓铨　历史研究　1954.5.
秦官营手工业管理制度初探　孙忠家　沈阳师院学报　1988.4.
论战国秦汉时期工商业者的地位　崔春华　辽宁大学学报　1978.1.
战国秦汉时代的手工业与商业　童书业　文史哲　1958.2.
秦汉的产品检验和物价管理　钱剑夫　中国史研究　1987.2.
我国历史上铁农具的改革及其作用　杨宽　历史研究　1980.5.

两汉大铁犁研究　张传玺　北京大学学报　1985.1.

试论中国古代冶铁技术的发明和发展　杨宽　文史哲　1955.2.

中国始用石炭考　陈登原　西北大学学报 1957.1.

西汉时期山东冶铁手工业的发展　逄振镐　东岳论坛　1983.3.

汉代的铜器铸造手工业　宋治民　中国史研究 1985.2.

秦汉时期的船舶　上海交大"造船史话"组　文物　1977.4.

先进的我国古代造船技术　周世德　文物　1978.1.

战国秦汉时代纺织技术的进步　孙毓棠　历史研究　1963.3.

秦汉时期山东纺织手工业的发展　逄振镐　齐鲁学刊　1983.1.

汉代的漆器制造手工业　宋治民　四川大学学报　1982.2.

秦民营制陶作坊的陶文　袁仲一　考古与文物　1981.1.

(6) 商业

战国秦汉工商业者身份的变化与统治阶级的经济政策　杨一民　江西师院学报　1982.3.

秦汉"禁民二业"政策浅析　朱绍侯　信阳师院学报　1984.2.

战国秦汉的重农抑商政策及其历史检讨　余天炽　华南师大学报　1984.1.

重本抑末新论　陈正炎　江西社会科学 1984.4.

"事末利及怠而贫者举以为收孥"试析——兼谈秦的"抑末"政策　臧知非　徐州师院学报　1983.3.

西汉商品经济的几个问题　尹湘豪　江西社会科学　1984.4.

也谈东汉的货币经济　甘于黎　厦门大学学报　1984.3.

重农限商与重农抑商——对商鞅和汉武帝的重农抑商政策的剖析　汤勤福　上饶师专学报　1985.3.

论汉代的抑商政策的实质　高敏　郑州大学学报 1963.3.

关于汉武帝的抑商政策——与胡寄窗先生商榷　何清谷　学术月刊

1964. 7.
重评西汉时期的重农抑商政策　谢天佑　光明日报　1984. 10. 3.
论西汉前期的商贾政策　于琨奇　贵州文史丛刊　1984. 3.
浅论西汉的抑商政策　肖黎　辽宁大学学报　1981. 4.
汉武帝时期的财经措施与工商业的发展　卢新建　江苏师院学报　1982. 1.
西汉初期的工商业政策与汉武帝的经济改革　刘凌　天津师大学报　1982. 5.
略谈西汉抑商政策对社会经济发展的阻碍作用　刘长林　安徽师大学报　1984. 2.
战国秦汉时期抑工商思想变化初探　宋超　秦汉史论丛　3.
论汉武帝与王莽时期工商政策的演变　赵梦涵　东疆学刊　1986. 1.
汉代盐制的几个问题　罗庆康　湘潭大学学报　1985. 3.
西汉时期的商业资料与小农经济　黄宛峰　中州学刊　1982. 2.
东汉首都洛阳工商业的畸形发展　王珍　史学月刊　1985. 6.
汉代的訾算　黄今言　中国社会经济史研究　1984. 1.
秦汉末业税问题的探讨　黄今言　江西师大学报　1985. 1.
西汉物价考　瞿兑之　燕京学报第5期　1929. 6.
汉代的市场化农业经济　许倬云　思与言　第12卷第4期　1977. 11.
西汉农业与市场的联系　张一中　求索　1982. 1.
东汉粟谷平价斛百钱　周国林　中华文史论丛　1985. 3.
论西汉的货币改制——兼论西汉的"重农抑商"政策　李祖德　历史研究　1965. 3.
论汉金非铜及其减退原因　胡珠生　文史哲　1957. 12.
西汉货币职能研究　张南　安徽师大学报　1985. 12.
试论西汉货币制度的两个特征　余谦　江西社会科学　1985. 5.

（7）交通

秦帝国的主要交通线　章巽　学术月刊　1957.2.
秦始皇直道遗址的探索　史念海　陕西师大学报　1975.3.
两汉漕运考　谭宗义　大陆杂志　第35卷第7期　1967.10.
秦汉时期的官营运输业　孙中家　王子今　求是学刊　1996.3.

4. 阶级、阶级矛盾和农民战争

（1）阶级结构

秦汉社会矛盾与阶级结构的分析　束世澂　华东师大学报　1960.1.
二十等爵与封建制度——战国秦汉社会阶级构成初探之一　漆侠　历史教学　1961.11—12.
汉代租佃制度是个别的例外吗？　戚其章　学术月刊　1957.10.
秦汉时期租佃关系的发生与发展　驷铁　历史研究　1959.12.
从云梦秦简看秦的生产关系　杨巨中　人文杂志　1982（增刊）.
汉代雇佣劳动的几个问题　徐扬杰　江汉论坛　1982.1.
两汉时期的雇佣劳动　翦伯赞　北京大学学报　1959.1.
秦汉魏晋封建依附关系发展的历程　田余庆　中国史研究　1983.3.
关于西汉农业劳动者的身份问题　孟明汉　学术月刊　1984.9.
秦汉间个体小农的形成与发展——并论陈涉起义的阶级关系　贺昌群　历史研究　1959.12.
西汉与西汉前的自耕农　马傅　郑州师专学报　1982.2.
民和黔首——兼评秦始皇"更名民曰黔首"　李解民　文史　1985.
秦始皇更名民曰黔首　陶之甘　社会科学战线　1985.3.
论战国两汉时期的"客民"和"客"　杨生民　北京师院学报　1981.3.
秦简"敖童"解　黄留珠　历史研究　1997.5.

闾左探试　田人隆　中国史研究　1979.2.

闾左辨疑　王好立　中国史研究　1980.4.

"闾左"为"里佐"说　王子今　西北大学学报　1985.1.

闾左臆解　辛德勇　中国史研究　1996.4.

关于"发闾左谪戍渔阳"　晁福林　江汉论坛　1982.6.

关于两汉官私奴婢问题　翦伯赞　历史研究　1954.4.

两汉官私奴婢研究　陈垣力　新建设　1955.9.

论汉代"奴婢"不是奴隶　林剑鸣　学术月刊　1982.3.

两汉南北朝奴婢制度的比较研究——兼与魏晋封建说商榷　杨作龙　史学集刊　1985.4.

试论两汉奴婢问题与奴婢政策　赵树贵　史学月刊　1985.5.

试论秦汉时期的生产奴隶　蔡葵　西北大学学报　1983.1.

隶臣妾辨　林剑鸣　中国史研究　1980.2.

"隶臣妾"简论　杨剑虹　考古与文物　1983.2.

秦"隶臣妾"为官奴婢说　苏诚鉴　江淮论坛　1982.1.

"隶臣妾"是秦的官奴婢　宫长为　宋敏　中国史研究　1982.1.

秦简"隶臣妾"确为奴隶说　高敏　刘汉东　学术月刊　1984.9.

"隶臣妾"是带有奴隶残余属性的刑徒　王占通　栗劲　吉林大学学报　1984.2.

"隶臣妾"的身份复议　施伟青　中国社会经济史研究　1984.1.

从古代罪人收奴刑的变迁看"隶臣妾"、"城旦舂"的身份　徐鸿修　文史哲　1984.5.

三辨"隶臣妾"——兼谈历史研究中的方法论问题　林剑鸣　学术月刊　1985.9.

汉代的"家生子"　张承宗　中国社会科学院研究生院学报　1986.1.

关于秦汉的"苍头"问题　李新达　文史哲　1978.2.

汉代地主的类别　柳春藩　史学集刊　1982.2.

中国封建社会前期地主阶级剖析　田昌五　历史研究　1983.5.

秦末农民大起义与秦汉之际的地主阶级　邹贤俊　华中师范学院学报　1984.3.

秦汉地主阶级构成的演变　安作璋　逄振镐　山东师大学报　1985.2.

两汉士族地主兴起试探　杨生民　北京师院学报　1983.1.

秦汉地主与魏晋南北朝地主的不同　何兹全　北京师大学报　1984.2.

汉代豪强产生的原因　汪润元　勾利军　历史教学　1984.11.

略论秦汉时期的豪族地主　梁向明　固原师专学报　1985.2.

东汉的豪族　杨联升　清华学报　第11卷第4期　1936.10.

东汉政权之建立与士族大姓之关系　余英时　新亚学报　第1卷第2期　1956.2.

关于士族的来源问题　陈玉书　历史研究　1962.6.

论东汉门阀的形成　周天游　中国人文社会科学博士硕士文库　浙江教育出版社　1998.

论汉末魏晋之际世族地主势力的消长与曹魏政权的兴亡　马植杰　史学月刊　1965.5.

东汉世家地主的出现与察举征辟制度的败坏　郝清涛　郑州大学学报　1978.3.

试论东汉时期的豪族地主　杨曾文　文史哲　1978.3.

西汉豪族地主势力的膨胀和门阀制度的萌芽　韩养民　人文杂志　1984.3.

西汉豪强地主的形成和地位　柳维本　辽宁师大学报　1984.5.

汉魏之际的青徐豪霸问题　田余庆　历史研究　1983.3.
东汉统治阶级内部矛盾斗争——外戚、宦官与"党锢"　郭人民　新史学通讯　1953.10.
由西汉外戚专权谈外戚与皇权的关系　栾保群　天津师院学报　1981.3.
东汉宦官与外戚的斗争　何兹全　文史知识　1983.4.
论东汉党锢之祸　肖黎　湘潭大学学报　1982.4.
论东汉后朝的党锢之祸　马良怀　华中师院学报　1983.4.
不应一概贬斥东汉宦官　葛承雍　西北大学学报　1982.3.
关于游侠的评价问题　吴汝煜　光明日报　1964.9.9.
游侠到底属于哪个阶级　李庆善　光明日报　1964.10.21.
秦汉游侠的形成与演变　刘修明　乔宗传　中国史研究　1985.1.
游士宾客在秦汉的兴衰演变　姜建设　史学月刊　1986.5.

　　（2）农民起义

秦汉土地制度与农民起义的几个问题　逄振镐　东岳论丛　1984.2.
秦末农民大起义性质问题　张荣芳　中国农民战争史研究集刊　3.
消除心理隔阂，重建统一局面——秦末农民战争历史作用新探　陈生民　学术月刊（沪）　1986.3.
秦末、西汉农民战争的特征　彭年　社会科学研究　1982.4.
秦汉三次农民大起义的比较　赵俪生　高昭一　文史哲　1954.1.
苍头军非奴隶军辨　胡珠生　人文杂志　1958.1.
从秦汉农民起义、农民战争的特点来看历代农民运动的性质和作用诸问题　卢南乔　山东大学学报　1961.1.
秦末农民起义的原因及其历史作用　贺昌群　历史研究　1961.6.
关于秦末农民起义的觉悟性问题的讨论　新建设　1963.10.
"四人帮"在史学领域招摇的一面霸旗——评罗思鼎《论秦汉之际的

阶级斗争》刘泽华等　历史研究　1977.2.
关于大泽乡起义的几个问题　赵锡元　思想战线　1981.5.
陈涉起义与六国的复国斗争　郭人民　河南师大学报　1982.3.
陈胜乡里阳城考　谭其骧　社会科学战线　1981.2.
陈胜生地阳城应属陈郡　苏城鉴　安徽师大学报　1979.1.
陈胜生地阳城再考　杨国宜　安徽师大学报　1979.3.
关于"楚汉之争"的性质和作用的问题　孙祚民　光明日报　1956.5.10.
居延汉简札记　陈连庆　东北师大学报　1982.3.
略论西汉成帝时的"刑徒"起义　高敏　中州学刊　1981.1.
两汉之际河北农民军杂考　陈连庆　东北师大学报　1981.1、2.
西汉末年吕母起义新探　周天游　光明日报　1984.1.25.
西汉末年社会大动乱试析　葛承雍　西北大学学报　1983.4.
赤眉首领称"三老"、"从事"、"卒史"辨　赵忠文　辽宁师院学报　1983.5.
关于绿林、赤眉农民起义几个问题的商榷　刘序琦　江西师院学报　1982.3.
谈西汉末赤眉和绿林起义　李鼎芳　历史教学　1954.11.
力子都考辨　赵文润　陕西师大学报　1979.1.
汉碑中有关农民起义的一些材料　曾庸　文物　1960.8、9.
论黄巾起义的口号　贺昌群　历史研究　1959.6.
黄巾口号之谜　刘九生　陕西师大学报　1985.2.
谈"苍天已死，黄天当立"　刘序琦　江西师大学报　1985.3.
论《太平经》——记我国第一部农民革命的理论著作　杨宽　学术月刊　1959.9.
关于《太平经》及其同黄巾等关系的研究　熊德基　人民日报

1962. 9. 4.

太平经和黄巾的关系——与熊德基同志商榷　喻松青　新建设　1963. 2.

太平经剖析——兼谈《太平经》与东汉末年农民起义的若干思想联系　冯达文　中山大学学报　1980. 3.

汉末黑山军的活动地区和名称的由来——与林庚同志商榷　高敏　史学月刊　1965. 2.

太平道与五斗米道　万绳楠　历史教学　1964. 6.

汉末张鲁问题史实考辨　高敏　中国农民战争史论丛　2.

汉末魏晋流人考　刘汝霖　历史教学　1951. 2.

后期黄巾起义之考察　杨剑宇　华东师大学报　1983. 3.

黄巾起义后期斗争特点与历史作用　冯君实　松辽学刊　1984. 2.

浅谈并州白波黄巾起义　孙石月　高贵锁　山西师院学报　1984. 4.

5. 社会史

关于汉律当中所反映的几个社会问题　杜越　光明日报　1951. 10. 13.

周秦汉间之社会史问题　任卓宣　大陆杂志　第 48 卷第 6 期　1974. 6.

西汉社会史研究发端　陈啸江　现代史学　第 1 卷第 1 期　1933. 1.

秦代的社会　张其昀　华学月刊　第 97 期　1980. 1.

西汉帝国的社会　张其昀　华学月刊　第 108 期　1980. 12.

汉人生计之研究　柳诒征　史地学报　第 1 卷第 2 期　1922.

汉代乐府诗里所反映的社会生活　郑孟彤　光明日报　1955. 2. 27.

有关中国殷周社会性格问题看法的补充——周秦汉政治社会结构之研究　徐复观　明报　第 9 卷第 6 期　1974. 6.

秦代家庭形态初探　李向平　广西师大学报　1985. 4.

论汉代家庭的自然构成与等级构成　黄金山　中国史研究　1987.4.

汉代家庭成员的地位和义务　黄金山　历史研究　1988.2.

汉婚律初探　彭卫　西北大学学报　1985.1.

论汉代婚姻关系的形成　彭卫　学术月刊　1985.10.

汉代的大家、中家和小家　冉昭德　光明日报　1964.1.15.

西汉时期人口自然增长率初探　袁祖亮　史学月刊　1981.3.

汉代人的饮食生活　黄展岳　农业考古　1982.1.

汉代人的饮食生活的两条补充　黄展岳　农业考古　1982.2.

秦汉时代的市政　林剑鸣　历史教学问题　1983.5.

秦汉邮传制度考略　高敏　历史研究　1985.3.

汉简邮驿资料释例　楼祖诒　文史　1963.3.

汉晋过所通考　陈直　历史研究　1962.6.

汉代符信考述——居延汉简研究　薛英群　西北史地　1983.3、4.

有关汉代独轮车的几个问题　史树青　文物　1964.6.

秦汉时代的民族精神　史念海　文史杂志　第4卷第1、2期　1944.7.

从《风俗通义》看汉代的礼俗　史树青　史学月刊　1981.4.

战国秦汉世风的区域性特征　史建群　中国史研究　1996.2.

秦汉人的乡土意识　王子今　中央党校学报　1987.1.

汉代的社　宁可　文史　1981.9.

居延汉简中的"社"及其源流　薛英群　兰州学刊　1984.3.

后汉"至孝"举　施之勉　大陆杂志　第28卷第1期　1964.1.

乡饮酒礼与"飨礼"新探　杨宽　中华文史论丛　1963.4.

贽见礼新探　杨宽　中华文史论丛　1964.5.

汉代司命神像的发现　孙作云　光明日报　1963.12.4.

秦汉历史变迁中知识分子及其作用　刘修明　学术月刊　1989.7.

东汉名节之分析　贺次君　书林半月刊　第1卷第4期　1937.4.

东汉颍川、汝南、南阳士人与党议始末　黄宛峰　中国史研究　1995.4.

养士之风与淮南狱　张南　安徽史学　1984.2.

战国秦汉间方士考论　陈槃　史语所集刊　第17本　1948.4.

试论秦始皇对祭祀制度的统一　黄留珠　人文杂志　1985.2.

6. 民族史

从云梦秦简看秦的民族政策　吴永章　江汉考古　1983.2.

秦之兴替与戎狄和胡的关系　舒振邦　内蒙古师大学报　1985.4.

关于我国历史上的和亲问题　梁多俊　学术研究　1964.5.

西汉时期三种不同性质的和亲　敬东　社会科学（兰州）1980.2.

从西汉的和亲政策说到昭君出塞　翦伯赞　光明日报　1961.2.5.

关于西汉政府与匈奴和亲的若干问题　施伟青　厦门大学学报　1985.4.

昭君文化三议　周天游　光明日报　2008.2.3.

匈奴"背约南侵"考　白音查干　内蒙古师大学报　1985.3.

试论汉武帝时期的民族关系　王子松　北方论坛　1985.1.

从"白登之围"到"马邑之谋"——论高惠文景四代汉朝与匈奴的关系　彭年　四川师院学报　1985.3.

论西汉对匈奴政策的变迁和得失——兼评汉武帝的历史作用　胡刚　求索　1982.4.

"匈奴不灭，无以家为"不是爱国主义口号　侯广峰　光明日报　1984.3.28.

"匈奴不灭，无以家为"是爱国主义口号　孙晓青　光明日报

1984. 5. 2.

"匈奴故地"初探　舒顺林　内蒙古社会科学　1983. 1.

匈奴诸王考述　王宗维　内蒙古大学学报　1985. 2.

匈奴分裂原因和呼韩邪附汉的意义　莫任南　湖南师院学报
　　1984. 2.

略论北匈奴西迁的原因　舒顺林　内蒙古师大学报　1986. 3.

试论匈奴与西域的关系　白凤岐　内蒙古大学学报　1981. 2.

试论汉魏西晋时期北方各族的内迁　吕名中　历史研究　1965. 6.

秦汉时期的月氏、乌孙和匈奴及河西四郡的设置　潘策　甘肃师大学
　　报　1981. 8.

汉代的敦煌郡　吴礽骧　余尧　西北师院学报　1982. 2.

两汉在西域昆仑山、喀喇昆仑山及帕米尔高原的统治疆域　苏北海
　　新疆师大学报　1982. 1.

有关西域都护建置的年代问题　哈建华　历史教学问题　1983. 3.

汉晋时期西域的戊己校尉　侯灿　西北史地　1983. 3.

沿和田河纵贯大沙漠的古商道　李镞　历史教学问题　1983. 1.

汉代祁连山路考述　王宗维　西北师院学报　1983. 3.

汉晋时期新疆塔里木盆地东南地区的奴隶状况　虞明英　中国史研究
　　1986. 2.

上古西域诸国也是奴隶制城邦　吴平凡　新疆大学学报　1984. 3.

试谈西汉时期西域诸国的国家形态　何芳川　历史教学　1984. 8.

乌孙历史上几个重大问题的探讨　王炳华　王明哲　新疆社会科学
　　1982. 8.

论汉代乌孙族对伊犁河流域的开发——关于汉代乌孙人口发展问题的
　　研究　王明哲　新疆社会科学　1983. 1.

"凿空"前西域同内地的联系　朱振杰　新疆社会科学　1986. 2.

关于汉代丝绸国际贸易的几个问题　丘进　新疆社会科学　1987.2.

丝绸之路新北道网络及城镇考述　纪宗安　中国历史地理　3.

汉魏丁零同商周鬼方的关系　段连勤　西北史地　1985.3.

论商周的羌与秦汉魏晋南北朝羌　王俊杰　西北师院学报　1982.3.

试论汉代西南民族中的"夷"与"羌"　蒙默　历史研究　1985.1.

略论羌族与东汉战争的性质　陈可畏　历史教学　1960.7.

东汉羌人起义　余尧　甘肃师大学报　1981.1.

关于东汉时期羌汉战争的性质问题——与张大可同志商榷　何湟　青海社会科学　1985.1.

战国秦汉辽东辽西郡县考　王仲翰　社会科学辑刊　1979.4.

两汉皇朝解决北方民族事务的统治机构——"护乌桓校尉"　何天明　内蒙古师大学报　1997.1.

西汉时期闽越社会经济的探索　章士成　中国社会经济史研究　1985.2.

南越国"和辑百粤"民族政策初探　余天炽　华南师大学报　1985.2.

试论秦汉时期岭南越族与汉族的关系　周宗贤　中央民族学院学报　1984.2.

秦始皇经略岭南越人地区述议　郭在忠　民族研究　1983.6.

试论秦对岭南的统一与开发　何清谷　人文杂志　1986.1.

百越民族稻作农业初探　辛士成　社会科学战线　1998.3.

从民族关系看南越相吕嘉的抗汉行动　杨盛让　广西民族学院学报　1984.4.

南越国时期岭南经济文化的开发　余天炽　广州研究　1986.2.

岭南地区的封建化过程　冼剑民　学术研究　1987.4.

秦代北向户考　洪建新　学术论坛　1982.1.

汉代"白狼夷"的族属新探　刘尧汉　陈久金　西南师院学报　1985.4.

秦在巴蜀地区的民族政策试析　罗开玉　民族研究　1982.4.

论秦汉王朝对巴蜀的改造　段渝　中国史研究　1999.1.

西林铜鼓与汉代句町国　蒋廷瑜　考古　1982.2.

句町王国考　朱俊明　贵州史学丛刊　1986.2.

关于滇王国的地域及其与西汉王朝的政治关系　胡振东　云南社会科学　1984.2.

晋宁石寨山青铜器国家所见古代民族志　汪宁生　考古学报　1979.4.

7. 中外关系

秦代方士徐福东渡日本新探　阎孝慈　徐州师院学报　1984.1.

秦东渡日本的徐福故址之发现和考证　罗其湘　汪承基　光明日报　1984.4.18.

秦代方士徐福东渡日本再探　阎孝慈　徐州师院学报　1986.1.

汉唐时期中国和师子国的关系　许道勋　赵克尧　范邦瑾　复旦学报　1980.6.

条支、黎轩、大秦和有关的西域地理　余太山　中国史研究　1985.2.

甘英出使大秦的路线及其贡献　莫任南　世界历史　1982.2.

汉代的中国与埃及　孙毓棠　中国史研究　1979.2.

战国至西汉时期滇池区域发现的西亚文物　张增祺　思想战线　1982.2.

西汉对南洋的海道交通　岑仲勉　中山大学学报　1959.4.

汉代我国与东南亚国家的海上交通和贸易关系　周连宽　张荣芳

文史 9.

8. 思想文化

秦尚水德说无可置疑　林剑鸣　考古与文物　1985. 2.
秦始皇"车同轨，书同文"新评　谭世保　中山大学学报　1980. 4.
如何评价秦始皇"书同文字"的历史作用　晁福林　学习与探索
　　1981. 2.
秦政、汉政与文吏、儒生　阎步克　历史研究　1986. 3.
陆贾《新语》的真伪及其思想倾向　苏诚鉴　中国古代史论丛
　　1981. 1.
论《新语》的黄老思想　张志哲　罗义俊　江汉论坛　1981. 6.
释"黄老"之称　张维华　文史哲　1981. 4.
略论黄老学派的产生与演变　许抗生　文史哲　1979. 3.
汉代"无为"思想简论　李生龙　湖南师大学报　1987. 5.
略论贾谊的礼治思想　黄宛峰　河南师大学报　1983. 4.
两汉经学的发展和影响　臧云浦　徐州师院学报　1984. 4.
论西汉经学的流变　章权才　学术研究　1984. 2.
河间献王与汉代儒学　卢仁龙　河北学刊　1990. 3.
从百家争鸣到独尊儒术　林甘泉　中国史研究　1979. 3.
评汉武帝的独尊儒术　郭志坤　光明日报　1980. 6. 10.
汉武帝"独尊儒术"考实　苏诚鉴　中国哲学史研究　1985. 1.
秦汉之际的受命改制说与儒学独尊　陈相生　齐鲁学刊　1997. 1.
论董仲舒思想的特点及其历史作用　金春峰　中国社会科学
　　1980. 6.
董仲舒首推阴阳解《春秋》与汉代经学神学化　汤其领　华东师大学
　　报　1990. 2.

董仲舒的宗天政治学及其理论渊源　柯兆利　厦门大学学报
　1985.2.
王充和董仲舒针锋相对吗？　王生平　社会科学辑刊　1984.3.
《礼记》的成书年代及其史料价值　徐喜辰　史学史研究　1984.4.
司马迁的历史哲学　杨向奎　中国史研究　1979.1.
司马迁和班固　白寿彝　山西师院学报　1979.3.
关于研究司马迁思想的一点浅见　郭双成　郑州大学学报　1979.3.
司马迁道德思想简论　肖黎　东岳论丛　1983.3.
《史记·天官书》论略　宋纹演　人文杂志　1985.5.
《淮南鸿烈》思根剖析　祝瑞开　西北大学学报　1982.3.
刘秀与经学　杨天宇　史学月刊　1997.3.
论汉代中期思想领域的变化　金春峰　晋阳学刊　1985.2.
东汉碑刻与谶纬神学　吕宗力　研究生论文选集（历史）　1984.
太平经剖析　冯达文　中山大学学报　1980.3.
论太平经和太平道　钟肇鹏　文史哲　1981.2.
读《太平经》　金春峰　齐鲁学刊　1982.3.
《氾胜之书》述略　吴树平　文史第16辑　1983.
东汉关中地区文化发展的特征及影响　张鹤泉　史学集刊　1995.2.
两汉时期苍梧郡文化述论　张荣芳　秦汉史论集　中山大学出版社
　1995.
两汉经学探论　王健　中国哲学与哲学史　1996.9.
试论秦汉齐学的内容　丁冠之　蔡德贵　烟台大学学报　1996.3.
两汉时期的巴蜀文化与岭南文化　李绪柏　学术研究　1997.3.
"东南有天子气"释　冷鹏飞　学术研究　1997.1.
从"九州异俗"到"六合同风"　周振鹤　中国文化研究　1997.4.
从《日书》看秦人鬼神观及秦文化特征　李晓东　黄晓芬　历史研究

1987. 4.
秦汉政治生活中的神秘主义　林剑鸣　历史研究　1991. 4.
论秦人宗教信仰的层次性　吴小强　简牍学报　14.
《日书》驱鬼术发微　刘信芳　文博　1996. 4.
黄巾起义先驱与巫及原始道教的关系　方诗铭　历史研究　1993. 3.
马王堆《刑德》乙本九宫图诸神释　饶宗颐　江汉考古　1993. 1.
秦俑新探——俑坑的主人不是秦始皇　陈景元　大自然探索
　　1984. 3.
秦俑坑年代考辨——与陈景元同志商榷　张占民　何欣云　人文杂志
　　1985. 1.
秦俑之谜　林剑鸣　文博　1985. 1.
秦俑坑的主人究竟是谁？　刘修明　社会科学（沪）　1985. 2.
睡虎地秦简《编年记》考证　韩连琪　中华义史论丛　1981. 1.
云梦秦简辨正　黄盛璋　考古学报　1979. 1.
居延汉简甲乙编释文质疑　谢桂华　李均明　何双全　中国史研究
　　1983. 1.
居延汉简甲乙编释文商榷　裘锡圭　人文杂志　1982. 3—5
　　1983. 1—4.

9. 人物评价

论秦始皇——兼评"四人帮"的唯心史观　林甘泉　历史研究
　　1978. 4.
论秦始皇的是非功过　刘泽华　王连升　历史研究　1979. 2.
"四人帮"神化秦始皇驳议　周年昌　中国史研究　1979. 1.
评秦始皇　金立人　复旦大学学报　1979. 4.
试析秦始皇历史作用的转变　简修炜　华东师大学报　1982. 4.

关于秦始皇"焚书坑儒"问题　蔡尚思　复旦学报　1979.2.
焚书考　钟肇鹏　中国历史文献研究集刊　1980.1.
关于评价秦始皇"焚书"问题的两点质疑　杜绍顺　中学历史教学
　　1981.4.
秦始皇的怨恨　林剑鸣　人文杂志　1994.3.
李斯新论　张诚　郑州大学学报　1991.1.
张耳陈余新论　臧嵘　历史教学　1981.9.
论刘邦　刘泽华　王连升　南开大学学报　1979.4.
重评刘邦、项羽的成功原因及其功过是非　赵文润　人文杂志
　　1982.6.
刘邦血亲析疑　王云度　中国史研究　1997.4.
怎样评价吕后　邓经元　历史研究　1979.12.
重评吕后　冯惠民　山东师院学报　1980.2.
吕后的发迹、权术和倾覆　裴洛　文科教学　1980.1.
吕后评传　周修睦　上海师院学报　1980.2.
论轮台诏　田余庆　历史研究　1984.2.
关于汉武帝评价的两个问题　王连升　天津社会科学　1984.3.
评价汉武帝必须注意其晚年的转变　王云度　徐州师院学报
　　1983.2.
董仲舒天人三策作于元光元年辨　施丁　社会科学辑刊　1980.2.
应当怎样评价董仲舒　王汉昌　河北大学学报　1995.1.
桑弘羊与司马迁　苏诚鉴　安徽师大学报　1982.3.
司马迁的李陵之祸与发愤著书说　顾易生　复旦学报　1980.2.
释《报任安书》的几个问题　陈尽忠　厦门大学学报　1980.3.
司马迁不是无神论者　李泉　中国哲学史研究　1987.3.
《史记》人物传记的思想性及其叙事特点　季镇淮　史学史研究

1987.1.

论司马迁的"成一家之言"　施丁　中国史研究　1996.1.

司马迁对历史发展趋势的卓识　陈其泰　史学史研究　1996.4.

段会宗在西域活动的年代背景及其评价　刘光华　兰州大学学报（古代史专辑）　1983.

汉代军事家赵充国　牛得全　西北师院学报　1983.1.

论王莽改制及其失败　翦伯赞　中华论坛　第1卷第1期　1945.2.

王莽改制的再评价　徐志祥　齐鲁学刊　1980.5.

王莽的悲剧　葛承雍　西北大学学报　1981.1.

王莽的经济改制及其经济思想　李竞能　南开学报　1982.3.

中国经济史上的一个怪胎——王莽经济思想试探　赵靖　北京大学学报　1983.4.

试论王莽改币　陈绍棣　中国史研究　1983.2.

论王莽改制中的"私属"身份　程有为　中州学刊　1983.3.

关于王莽研究的几个问题　韩玉德　齐鲁学刊　1983.1.

王莽改制依经初考　周作明　广西师大学报　1984.4.

王莽改制若干问题商榷　陈绍棣　晋阳学刊　1985.5.

试论王莽改制中的王田问题　赵梦涵　文史哲　1985.4.

王莽与刘秀　张志哲　罗义俊　郭志坤　中国史研究　1980.2.

关于光武中兴　臧嵘　人民日报　1981.4.30.

刘秀——农民战争的杰出领袖　余宗超　江汉论坛　1981.6.

也评刘秀在西汉农民起义中的历史地位　高景新　辽宁大学学报　1984.4.

刘秀论　马植杰　兰州大学学报　1985.4.

刘秀是反新莽起义的地主领袖——与高景新同志商榷　林正根　历史教学问题　1985.3.

论光武帝人生观　吴刚　史林　1997.1.

应当正确评价刘缤　陈双奇　江淮论坛　1982.1.

刘缤的历史功绩应当肯定　申春生　东岳论丛　1982.5.

马援的功业和精神　汪受宽　西北史地　1986.2.

班氏父子与《史记》的学术命运　张子侠　史学史研究　1995.4.

《汉书》典雅优美的历史记述　许殿才　史学史研究　1996.1.

班超与西域　秦卫星　新疆大学学报　1983.1.

窦宪击匈奴的正义性质及其意义　莫任南　湖北师院学报　1983.1.

（二）日本秦汉史论文选目

欲知1965—1980年日文论文详况，请参阅周迅《论古代中国》，书目文献出版社1984年出版。凡属杂志论文，本目标期数及出版年，如141　1949，或标卷数、期数及出版年，如"47—3　1962"。

1. 综论

中国古代帝国的考察——汉高祖及其功臣　西嶋定生　历史学研究　141　1949.

古代国家的权力构造　西嶋定生　国家权力的诸阶段　岩波书店　1950.

中国古代统一国家的特质——皇帝支配的出现　西嶋定生　仁井田论集　1.

中国古代专制主义及其基础　木村正雄　历史学研究　217　1957.

中国古代国家的构造——郡县制和官僚制的社会基础的考察　增渊龙夫　古代史讲座4　学生社　1962.

所谓东洋的专制主义和共同体　增渊龙夫　一桥论丛　47—3　1962.

中国中世史研究的立场和方法　川胜义雄　谷川道雄　中国中世史研

究　东海大学出版会　1970.

中国古代史和共同体——评谷川道雄先生所论　五井直弘　历史评论　255　1971.

中国古代史研究笔记　多田狷介　史草　12　1971.

战国秦汉时期的共同体和国家　多田狷介　史潮（新）　2　1977.

古代中国和"亚细亚生产方式"　丰岛静英　历史评论　266　1972.

秦汉帝国至隋唐律令制国家——试论中国专制国家形态和农奴制的形成　渡边信一郎　新史学　139　1975.

中国的律令和农民支配　堀敏一　世界史认识上的民族和国家　青木书店　1978.

中国阶级支配的成立及其性格　豐岛静英　历史学研究　413　1974.

河神之死——中国亚细亚专制主义的成立　豊岛静英　历史学研究　473　1979.

关于中国古代国家的笔记——对最近诸说的批判　太田幸男　历史评论　357　1980.

秦帝国形成过程的考察——四川省战国墓的探讨　间濑收芳　史林　67—1　1984.

2. 政治史

秦汉政治史　宇都宫清吉　中国古代中世史研究　创文社　1977.

前汉的国家和地方政治　重近启树　骏台史学　44　1978.

前汉武帝以后政治构造的考察——所谓内朝的理解　富田健之　九州大学东洋史论集　9　1981.

后汉中期政治史试论　东晋次　爱媛大学教育学部纪要　17　1985.

中国古代帝国的一个特性——前汉的封建诸侯　五井直弘　历史学研究　146　1950.

· 185 ·

前汉侯国考　布目嘲讽　东洋史研究　13—5　1955.

东汉初皇帝支配和外戚、诸王　东晋次　名古屋大学东洋史研究报告　3　1975.

汉代的皇后权　谷口やすみ　史学杂志　87—11　1978.

汉代的太后临朝　谷口やすみ　历史评论　359　1980.

秦的内史　工藤元男　史学杂志　90—3　1981.

睡虎地秦墓竹简中的大内和少内——秦少府的成立　工藤元男　史观　105　1981.

前汉的三公　伊藤德男　历史　8　1954.

前汉的九卿　伊藤德男　东方学论集　1　1954.

汉代的集议　永田英正　东方学报　43　1972.

录尚书事和吏部尚书　矢野主税史学研究　100　1967.

汉代的尚书官——领尚书事和录尚书事　镰田重雄　东洋史研究　26—4　1968.

汉代刺史的设置　纸屋正和　东洋史研究　33—2　1974.

汉代的地方小吏　池田雄一　中央大学文学部纪要史学科　17　1972.

汉代的官秩制度和秩六百石上下　福井重雅　史观　102　1980.

后汉三公的起家和出身　永田英正　东洋史研究　24—3　1964.

后汉时代的官吏登用制"辟召"　五井直弘　历史学研究　178　1954.

汉魏的辟召制研究——故吏问题的再检讨　矢野主税　长琦大学史学　3　1959.

汉代的选举和官僚阶级　永田英正　东方学报　41　1970.

汉代的选举和制科的形成　福井重雅　社会科学讨究　18—3　1973.

汉代察举制度的研究——关于制举升进的标准　福井重雅　东洋文化

研究所纪要　93　1983.

汉代贤良方正科考　福井重雅　东洋史研究　43—3　1984.

前汉时代郡国守相支配权的强化　纸屋正和　东洋史研究　41—2　1982.

前汉郡县统治制度的展开　纸屋正和　福冈大学人文论丛　13—414—1　1982.

简牍所示汉代边郡的统治制度　永田英正　敦煌讲座　3　1980.

云梦出土秦律的基础的研究　堀毅　史观　97　1977.

秦汉刑名考　堀毅　早稻田大学大学院文学研究科纪要别册　4　977.

湖北云梦睡虎地秦墓管见　池田雄一　中央大学文学部纪要　26　1981.

云梦睡虎地出土秦律的特性　江村治树　东洋史研究　40—1　1981.

汉代七科谪及其起源　堀敏一　骏台史学　57　1983.

秦汉的劳役刑　富谷至　东方学报　55　1983.

汉的正卒　西田太一郎　东洋的文化和社会　1　1950.

关于汉的正卒诸问题　西田太一郎　东方学　10　1955.

汉代的军赋及军役　西村元佑　龙谷史坛　34　1951.

汉代的骑士　西村元佑　龙谷史坛　44　1958.

材官考　大庭脩　龙谷史坛　38　1952.

汉代的边境组织——燧的配置　米田贤太郎　东洋史研究　12—3　1953.

汉代边境兵士的给养　米田贤次郎　东方学报　25　1953.

秦汉时代郡县民支配和豪强　五井直弘　静冈大学文理学部人文研究　12　1961.

后汉王朝和豪族　五井直弘　岩波讲座世界历史　4.

后汉末期的襄阳豪族　上田早苗　东洋史研究　28—4　1970.

后汉时代的地方豪族的政治生活——论犍为张氏　狩野直祯　史泉　22　1961.

后汉末的世相和巴蜀的动向　狩野直祯　东洋史研究　15—3　1957.

蜀汉国前史　狩野直祯　东方学　16　1958.

后汉的交阯刺史——士燮等诸势力　史学　33—3、4　1961.

前汉关中帝陵徙民再考——皇帝权力的一个侧面　冈田功　骏台史学　44　1978.

关于后汉安帝以后刺史军权的札记　竹园卓夫　集刊东洋学　37　1977.

后汉中期的政治和社会——顺帝即位前后　狩野直祯　东洋史研究　23—3　1964.

东汉后期的政局——外戚、宦官、清流士人　多田狷介　东京教育大学文学部史学研究　76　1970.

东汉末农村的崩溃和宦官的殃民　江幡真一郎　集刊东洋学　21　1969.

后汉末的清流　东晋次　东洋史研究　32—1　1973.

汉末的反专制运动　川胜义雄　六朝贵族制社会的研究　岩波书店　1982.

赤眉军和城阳景王祠的关系　志田不动麿　历史教育　5—6　1930.

赤眉之乱和后汉帝国的成立　河地重造　历史学研究　161　1953.

两汉交替时期的叛乱　五井直弘　世界史中的亚洲　岩波书店　1953.

黄巾之乱前的历史　多田狷介　东洋史研究　26—4　1968.

黄巾集团的组织及其特性　福井重雅　史观　89　1975.

黄巾之乱与传统的问题　福井重雅　东洋史研究　34—1　1975.

3. 经济史

秦汉时代的田租及其性格　木村正雄　历史学研究　232　1956.

汉代的土地所有制——名田和占田　西嶋定生　史学杂志　58—1　1949.

汉代限田、王田制和大土地所有制问题　西村元佑　龙谷大学论丛　397　1971.

汉代田租查定法管见　米田贤次郎　滋贺大学教育学部纪要　17　1967.

汉代人头税的崩坏过程　永田英正　东洋史研究　18—4　1960.

汉代的田租——关于"百一而税"　纸屋正和　九州大学东洋史论集　4　1975.

秦汉赋制的展开　重近启树　东洋学报　62—1、2　1984.

汉代的徭役制度　西村元佑　东洋史研究　12—5　1953.

试论汉代徭役的日数　米田贤次郎　东方学报　27　1957.

汉书食货志上所见的"更赋"　平中苓次　立命馆文学　256　1967.

汉代公田——以经营形态为中心　山田胜芳　集刊东洋学　25　1971.

汉代的土地所有制　河地重造　大阪市大学经济学年报　5　1955.

汉代的公田与假作　五井直弘　历史学研究　220　1958.

中国古代的山林薮泽　重近启树　骏台史学　38　1976.

汉的汤沐邑和两汉建国者出生地的特权　曾我部静雄　集刊东洋学　12　1964.

后汉的苑囿　山田胜芳　集刊东洋学　36　1977.

试论汉代豪族的大土地经营　天野元之助　龙川论集．

后汉豪族的农业经营——假作、佣作、奴隶劳动　多田狷介　历史学研究　286　1964.

汉代王侯的私田经营和大土地所有的构造——关于秦汉帝国的人身支配形态　西村元佑　东洋史研究　31—1　1972.

汉六朝时期的大土地所有制研究　渡边信一郎　东洋史研究　32—3　1973.

汉六朝时期大土地所有和经营　渡边信一郎　东洋史研究　33—1、2　1974.

前后汉时代县的废置及其条件　木村正雄　史潮　73、74、75　1961.

中国古代的地域和生产体——通过前后汉时代县的废置所见　木村正雄　社会经济史学　27—3　1961.

代田法的考察　伊藤德男　史学杂志　69—11　1960.

赵过的代田法——犁的作用　米田贤次郎　史泉　27、28　1963.

代田和区田——汉代农业技术考　天野元之助　社会科学的诸问题（松山商大）　1950.

关于《吕氏春秋》中的农业技术的考察——与《氾胜之书》相联系　米田贤次郎　东洋史研究　31—3　1972.

耦耕刍言　米田贤次郎　东洋学报　60—3、4　1979.

从应劭"火耕水耨"注看后汉江淮的水稻耕作技术　米田贤次郎　史林　38—5　1955.

汉六朝时期的稻作技术　米田贤次郎　鹰陵史学　7　1981.

中国古代麦作考　米田贤次郎　鹰陵史学　8　1982.

秦汉时期的水利法和水地的农业经营　鹤间和幸　世界史的地域和民众续集　青木书店　1980.

汉代水利事业的展开　藤田胜久　历史学研究　521　1983.

前汉时代的漕运机构　藤田胜久　史学杂志　92—12　1983.

中国古代的水系和地域权力　鹤间和幸　佐藤武敏博士退官纪念・中国水利史论丛　1984.

关于汉代财政制度的考察　山田胜芳　北海道教育大学纪要　23—1　1972.

汉代财政制度变革的经济要素　山田胜芳　集刊东洋学　31　1974.

前汉诸侯王国的财政和武帝的财政增收政策　纸屋正和　福冈大学研究所报告　37　1978.

前汉武帝时代的财政机构改革　山田胜芳　东北大学东洋史论集　1　1984.

前汉的财政　越智重明　九州大学东洋史论集　10　1981.

后汉财政制度的创设　山田胜芳　北海道教育大学人文论究　38　1978.

汉代的劝农政策——财政机构的改革　西村元佑　中国经济史研究东洋史研究会　1968.

中国古代帝国的手工业、商业的地位及阶级关系　影山刚　历史学研究　328　1967.

前汉时代的商贾和缗钱令　纸屋正和　福冈大学人文论丛　11—2　1979.

汉代的算钱　楠山修作　东方学　64　1982.

凤凰山十号墓文书和汉初的商业　山田胜芳　东北大学教养部纪要　53　1981.

均输、平准和盐铁专卖　影山刚　岩波讲座世界历史　4　1970.

均输、平准和桑弘羊——中国古代的财政和商业　山田胜芳　东洋史研究　40—3　1981.

试论桑弘羊的均输法　影山刚　东洋史研究　40—4　1982.

均输法　越智重明　古代文化　35—3　1983.

桑弘羊的财政政策　稻叶一郎　立命馆文学　418—421 四期合刊 1980.

汉代的市　佐原康夫　史林　68—5　1985.

桑弘羊的平准法试论　影山刚　三上次男博士喜寿纪念论文集 1985.

汉代的地方商业——豪族和农民的关系　多田狷介　史潮　92 1965.

汉代的市籍　美川修一　古代学　11—3　1969.

中国古代的商人和市籍　山田胜芳　加贺论集.

前汉盐铁专卖制——以铁器的生产过程为中心　影山刚　冈山史学 10 1961.

前汉的盐的专卖制　影山刚　史学杂志　75—11、12　1966.

中国古代的盐业序说　影山刚　历史学研究　308　1966.

中国古代盐业的生产组织和经营形态——专卖制以前的形态　影山刚　史学杂志　75—1　1966.

关于后汉时期的盐政的一、二个问题　影山刚　山本论丛.

中国古代的制盐业　佐藤武敏　中国古代工业史的研究　吉川弘文馆 1962.

汉代铁的生产　佐藤武敏　人文研究　15—5　1964.

秦制铁业的考察　角谷定俊　骏台史学　62　1984.

秦青铜工业的考察　角谷定俊　骏台史学　55　1982.

秦始皇的统一货币　稻叶一郎　东洋史研究　37—1　1978.

前汉前半期的货币制度和郡县支配体制　纸屋正和　福冈大学人文论丛　16—4　1985.

前汉的谷价　佐藤武敏　人文研究　18—3　1967.

4. 社会史

汉末风俗　宫崎市定　亚细亚研究 2　东洋史学会　1963.

从《抱朴子》看汉末的风俗　冈崎文夫　支那学　3—4　1923.

身分制与中国古代社会——良贱制的见解　堀敏一　骏台史学　50　1980.

中国古代聚落的展开——地域和民众及国家支配问题　池田雄一　历史学研究特集　1981.

中国古代的家族和家族的社会秩序　佐竹靖彦　东京都立大学人文学报　141　1980.

汉代家族和乡里——评宇都宫清吉先生的汉代家族乡里社会论　东晋次　名古屋大学东洋史研究报告　4　1976.

汉化的家族形态和经济变动　稻叶一郎　东洋史研究　43—1　1984.

汉代的家族及其劳动——夫耕妇织　上田旱苗　史林　62—3　1979.

汉代的村落组织　小烟龙　东亚人文学报　1—4　1942.

秦汉时代村落组织的组成方法　松木善海　中国村落制度史研究　岩波书店　1977.

汉代乡里制的前提　好并隆司　史学研究　113　1971.

汉代的里和自然村　池田雄一　东方学　38　1969.

马王堆古地图和汉代的村　池田雄一　历史和地理　242　1975.

汉代的户口调查　佐藤武敏　集刊东洋学　18　1967.

汉代的户和家　越智重明　史学杂志　78—8　1969.

井田制的家——战国秦汉时代"家"的理解　越智重明　古代文化　23—4　1971.

家和家人　越智重明　九州大学东洋史论集　4　1976.

汉代的家　越智重明　史学杂志　86—6　1977.

汉六朝的家产分割和二重家产　越智重明　东洋学报　61—1、2
　　1979.

什伍制度考　樱井芳朗　东京学艺大学纪要　6　1954.

谈谈什伍制　越智重明　东方学　41　1971.

豪族社会的发展　五井直弘　世界历史　3　筑摩书房　1960.

汉代豪族的地域特性　鹤间和幸　史学杂志　87—12　1978.

汉代关东、江淮豪民和关中徙民　鹤间和幸　中嶋论集　上.

汉代十三州的地域性　佐竹靖彦　历史评论　357　1980.

5. 民族史

汉帝国和周边诸民族　栗原朋信　古代日本对外关系的研究　吉川弘
　　文馆　1978.

有关前汉匈奴对策的二、三个问题　米田贤次郎　东方学　19
　　1959.

汉匈奴交涉史的考察——和亲　伊濑仙太郎　东西文化交流史　雄山
　　阁　1975.

汉代的西域经营　伊濑仙太郎　史海　1　1954.

关于汉的西方发展和两关开设时期　日比野丈夫　东方学报　27
　　1957.

张骞的西使与东西交通　长泽和俊　东洋学术研究　10—2　1971.

武帝的对外政策——卫青、霍去病的匈奴政策　小林揔八　驹泽史学
　　19　1972.

汉武帝的外征　池田雄一　中央评论　24—2　1972.

前汉时代的西北经营与匈奴对策　池田雄一　中央大学文学部纪要史
　　学科　30　1985.

后汉书所见越南三郡反乱记事小考　石藤均平　新潟大学人文科学研

究　13　1968.

古代中国文明和越族　后藤均平　历史教育　15—5、6　1967.

后汉时代的蛮人　谷口房男　东洋大学纪要文学部篇　23　1969.

6. 历史人物评价

秦始皇帝　镰田重雄　历史教育　7—4　1959.

武帝之死——盐铁会议的政治背景　西嶋定生　古代史讲座　11.

前汉武帝时期的酷史张汤　多田狷介　东洋史研究　36—2　1977.

从霍光到王莽　狩野直祯　圣心女子大学论丛　30、31、32　1967—1969.

王莽的社会政策　吉田虎雄　东亚经济研究　4—1　1920.

王莽的出身　狩野直祯　圣心女子大学论丛　28　1966.

王莽政权的出现　河地重造　岩波讲座世界历史　4　1970.

王莽的王田　堀敏一　山本论丛.

王莽和《周礼》　宇野精一　东方学报　11—1　1940.

王莽的财政　山田胜芳　集刊东洋学　33　1975.

王莽的奴婢政策和赤眉之乱　藤加礼之助　东海大学纪要文学部　22　1974.

7. 思想文化

秦文化的编年　冈村秀典　古史春秋　2　1985.

汉初的黄老思想　西川靖二　东方学　62　1981.

《史记》的构成和黄老思想　上田早苗　奈良女子大学文学部研究年报　20　1977.

《史记》的构成和终始五德说　上田早苗　东洋史研究　38—4　1980.

陆贾新语的研究　宫崎市定　京都大学文学部研究纪要　9　1965.

儒教成立史上的二三问题——关于五经博士设置和董仲舒事迹的疑义
　　福井重雅　史学杂志　76—1　1967.

刘向的学问和思想　池田秀三　东方学报　50　1978.

图谶和儒教的成立　板野长八　史学杂志　84—2、3　1975.

儒教的国教化和儒学的官学化　富谷至　东洋史研究　37—4　1979.

王充的思想　福永光司　东洋史研究　12—6　1954.

蔡邕和《独断》　福井重雅　史观　107　1983.

五 中国秦汉史研究机构简介

（一）中国秦汉史研究会概况

1. 中国秦汉史研究会大事记

1979年3月23日—4月20日　中国社会科学院在成都主持召开中国史学规划会议，部分史学工作者倡议筹建中国秦汉史研究会。

1979年10月　中国秦汉史研究会筹备会议于西安召开，西北大学历史系陈直教授和中国社会科学院历史研究所副所长林甘泉分任筹备小组正副组长。又决定创办《秦汉史论丛》，并委托陕西人民出版社负责编辑出版工作。

1980年6月2日　陈直教授去世。中国秦汉史研究会成立大会筹备工作由西北大学林剑鸣同志具体负责。

1981年9月23—28日　中国秦汉史研究会成立大会暨首次学术讨论会于西安召开。来自全国社会科学研究机构、大专院校、新闻出版等五十四个单位的近百名代表与会，正在西北大学进修秦汉史的日本京都大学富谷至、籾山明也列席了大会。

大会首先进行学术讨论，中心议题是：（1）秦汉时代的阶级关系；（2）秦汉时期封建专制主义的作用和影响。与会代表各抒己见，气氛热烈。

9月25日下午　全体会议通过了《中国秦汉史研究会章程》（详见下文），又以无记名投票方式选举产生了第一届理事会。理事会由下列十一位同志组成：林甘泉、安作璋、林剑鸣、熊铁基、朱绍侯、张传玺、祝瑞开、柳春藩、周九香、高敏、张荣芳。

9月26日晚　召开理事会第一次全体会议，推选林甘泉为会长，安作璋、林剑鸣为副会长，林剑鸣兼秘书长。根据会章，理事会特聘著名学者孙毓棠、何兹全、杨宽、张维华、韩连琪、马非百为研究会顾问。并决定一般每二年召开一次学术讨论会，提议试办《中国秦汉史研究会通讯》。大会秘书处设在西北大学历史系秦汉史研究室。

会前，陕西人民出版社如期出版了《秦汉史论丛》第1辑

1981年10月1日　《中国秦汉史研究会通讯》第1期问世。

1981年11月—1982年2月　林甘泉会长应邀赴日本讲学。

1982年7月19日—8月22日　研究会与兰州大学共同组织了"河西"、新疆丝路考察。考察队共二十九人，由柳春藩为队长，刘光华，熊铁基为副队长。全队先经武威、张掖、酒泉，考察了张掖城、休屠城、雷台汉墓、黑水国等近二十个遗址，又参观了三地的博物馆。接着经过艰苦跋涉，奔赴古居延，在额济纳旗考察了黑城、录城、破城子等烽燧遗址和屯田区。其后抵达敦煌，考察了莫高窟、阳关等六处古迹。离开"河西"，全队转入新疆。在吐鲁番驻留两天，踏勘了交河故城、高昌古城、千佛洞等处。最后到达乌鲁木齐，稍作休整，即赴吉木萨尔参观车师后王庭遗址。沿途中，考察队员还与各地专家学者和文物考古工作者进行了广泛的交流，圆满地完成了预定任务。

又中国社会科学院历史所决定编辑出版《秦汉史研究译文集》。

1983年8月　《秦汉史论丛》第2辑出版发行。

1984年4月5日—4月10日　中国秦汉史研究会第二届年会于四川成都召开。近百名学者围绕秦汉时期的经济结构问题展开热烈讨论。林甘泉同志在总结中指出，秦汉史研究的思路要开阔一些，应该把秦汉史研究与建立具有中国特色的马克思主义历史学、与四化建设结合起来。

大会改选了理事会，由十六名理事组成：林甘泉、张传玺、林剑鸣、周九香、朱绍侯、高敏、张荣芳、熊铁基、柳春藩、祝瑞开、杨建禧、黄今言、刘泽华、王云度、刘光华、买买提依明肉孜。经过充分酝酿协商，理事会推选林甘泉任会长，张传玺、林剑鸣为副会长，林剑鸣兼秘书长，秘书处地址不变。又在原聘顾问的基础上，增聘陈连庆先生为顾问。

1984年11月　《秦汉史研究译文集》第1辑出版。

1985年5月—7月　林剑鸣副会长应日本学术振兴会和关西大学邀请，赴日本讲学。

1985年8月16日—9月22日　由何清谷、魏文清、彭曦、罗庆康、李均明、白音查干、张南、江淳、臧知非、余华青等十名会员组成长城考察队，途经陕西、甘肃、宁夏、内蒙古、山西、河北、天津、北京等八省、市、自治区，行程五千多公里，历时近四十天，考察了长城遗址百余处。其中以内蒙古境内阴山山脉沿线的战国秦汉长城遗址的十三个区段为重点，详细考察了烽燧遗址四十二处、障塞遗址十余处、古城遗址七处、重要山口七处。考察结束后，完成了《巴音哈太秦汉长城调查记》《乌拉特中旗汉长城调查记》《狼山乌不浪沟、小佘太、西斗铺赵秦长城调查记》《阴山山脉古城障遗址调查记》《阴山重要山口调查记》等调查报告，并撰写了一批专题论文，胜利完成了预定的考察任务。

1986年7月　《秦汉史论丛》第3辑出版发行。

1986年10月15日—10月18日　在安徽芜湖召开了第三届年会。来自全国的百余名学者出席了会议，其中青年秦汉史工作者占有相当大的比重，显示出秦汉史研究会兴旺发达，后继有人。以关西大学教授大庭脩博士为首的日本秦汉史学者访华团也应邀参加了大会，其成员有滋贺大学永田英正教授、大阪府立大学松本宪司教授、东京大学尾形勇教授、早稻田大学福井重雅教授、茨城大学鹤间和幸副教授、岛根大学籾山明副教授。

会议以秦汉思想文化和社会经济问题为主要议题，代表们畅所欲言、争论激烈，很有启发。日本学者也就秦汉政治制度、城郭制度、地域政治、汉代察举、木简的分类与研究方法诸问题作了发言。中日双方学者就共同感兴趣的问题，坦率而友好地进行了交流。

10月17日晚　会员大会通过修改后的《中国秦汉史研究会章程》，选举了第三届理事会。理事会由林剑鸣、张传玺、高敏、朱绍侯、余华青、王云度、安作璋、吴慧、周九香、柳春藩、张大可、张荣芳、唐赞功、黄今言、韩伟、葛剑雄、熊铁基等十七位理事组成。复经磋商，推举林剑鸣为会长，张传玺、高敏、朱绍侯为副会长，余华青为秘书长。秘书处仍设在西北大学。

原会长林甘泉同志鉴于工作繁忙，在选举之前，主动提出退出选举。与会代表以十分遗憾的心情接受其请求，并对林甘泉同志为创建秦汉史研究会所作出的杰出贡献，表示衷心的感谢。

截止到本次年会，秘书处陆续编出《中国秦汉史研究会通讯》共十二期。

1987年2月　经理事会协商通过，增补吴树平为理事，特聘吕宗力为副秘书长。

2. 中国秦汉史研究会章程（1981 年 9 月 25 日通过，1986 年 10 月 17 日修改）

第一条　本会是根据《中华人民共和国宪法》的有关规定，由全国秦汉史学者自愿组成的群众性学术团体。

第二条　本会团结和组织全国从事秦汉史教学、研究、文物考古和新闻出版等工作的人员，开展秦汉史的学术研究活动，推动秦汉史研究的发展。

第三条　本会出版《通讯》，编印有关出版物。组织秦汉史研究学术会议，开展学术交流活动。

第四条　凡积极从事秦汉史的教学和研究工作，具有一定的理论基础和专业水平，并在公开发行的刊物上发表过论著，或在有关秦汉史的考古发掘和编辑出版等方面做出实际成绩者，承认会章，提出申请，由会员一人介绍，填写会员登记表，经本会理事会批准后，即成为本会会员。

第五条　会员拥有下列权利：有选举权和被选举权；优惠取得本会出版物和有关资料，参加本会组织的有关学术会议和考察活动，对本会工作提出批评和建议。

第六条　会员须承担下列义务，承认会章；接受并完成本会交办的任务，与本会保持经常性的联系，积极交流有关研究成果和学术信息；按时缴纳会费。

第七条　会员有退会的自由。会员退出本会时，须向理事会声明。

会员有下列情形之一者，视为自动退出本会：长期脱离与秦汉史研究有关的工作岗位，连续四年未取得研究成果和实际成绩者；长期不与本会保持联系，连续四年不参加本会组织的学术活动者；连续两年不交纳会费者。

第八条　本会的最高权力机构是会员大会或会员代表会议。会员大会或会员代表会议每二至三年召开一次。

会员大会或会员代表会议的主要任务是：审查理事会会务工作报告；修改本会章程，选举研究会理事；制定会务工作计划；交流学术研究成果。

第九条　本会设立理事会。理事会由会员大会或会员代表会议选举产生，是会员大会的执行机构。理事会由理事若干人组成。

理事会选举产生会长、副会长、秘书长，负责处理理事会的日常工作。

理事的任期，至下届会员大会或会员代表会议改选理事会时为止。选举新的理事会时，更换原有理事的数额不得少于三分之一。

第十条　理事会下设秘书处，承办有关具体会务工作。秘书处的成员，由理事会聘请。

第十一条　本会可聘请在秦汉史研究领域具有相当学术成就并年高望重的学者若干人担任顾问。

3. 中国秦汉史研究会会员通讯录（截至 1986 年 10 月 18 日）

北京市

　　林甘泉　中国社会科学院历史所

　　朱大昀　同上

　　陈绍棣　同上

　　吴树平　同上

　　谢桂华　同上

　　朱国炤　同上

　　叶庆雨　同上

　　赖长扬　同上

　　余左山　同上

五　中国秦汉史研究机构简介

孙言诚　同上

吕宗力　同上

胡志宏　同上

郑　超　同上

彭　卫　同上

李祖德　同上

肖立岩　同上

田人隆　同上

孙毓棠　中国社会科学院经济所

吴　慧　同上

李　零　中国社会科学院农经所

孙　晓　中国社会科学院研究生院

张传玺　北京大学历史系

岳庆平　同上

刘曙光　同上

杨振红　同上

陈秉才　北京大学图书馆学系

刘华祝　《北京大学学报》编辑部

何兹全　北京师范大学历史系

唐赞功　同上

刘欣尚　同上

宁　可　北京师范学院历史系

杨生民　同上

苏俊良　同上

邓福秋　北京财贸学院财经研究所

赵志汉　北京教育学院东城分院

戴凤岐　北京经济学院

蒋非非　中央广播电视大学文科处

王子今　中共中央党校

李江浙　北京市社会科学研究所

邓经元　中华书局

马非百　同上

张　烈　同上

骈宇骞　同上

瞿　剑　同上

李解民　同上

肖　黎　《光明日报》社

宋　超　《历史研究》编辑部

孟庆远　中国青年出版社

薛殿玺　书目文献出版社

潘国基　语文出版社

黄金山　人民出版社

张振新　中国历史博物馆

王至本　同上

李均明　国家文物局古文献研究室

连劭名　同上

上海市

方诗铭　上海市社会科学院历史所

刘修明　同上

罗义俊　同上

曹莉芳　同上

华友根　上海市社会科学院法学所

邹荣庚　上海社会科学联合会历史学会

杨　宽　复旦大学历史系

李孔怀　同上

周振鹤　同上

葛剑雄　复旦大学中国历史地理研究所

左益寰　复旦大学政治系

谢天佑　华东师范大学历史系

王家范　同上

张志哲　华东师范大学中国史学研究所

庄辉明　上海师范大学历史系

丁光勋　同上

祝瑞开　上海大学文学院社会学系

刘克宗　上海大学文学院历史系

杨一民　上海空军政治学院

江建中　上海古籍出版社

张　玫　上海人民出版社

张美娣　同上

谢宝耿　《学术月刊》编辑部

郭志坤　《文汇报》编辑部

天津市

刘泽华　南开大学历史系

王连升　同上

刘　敏　同上

孙香兰　南开大学古籍整理研究所

张虎刚　《天津师范大学学报》编辑部

周溁乾　天津师范大学历史系

刘　凌　同上

巴新生　同上

秦呈瑞　天津教育出版社

河北省

马植杰　河北省社会科学院历史所（石家庄）

奕保群　河北人民出版社（石家庄）

吕苏生　同上

内蒙古自治区

白音查干　内蒙古师范大学历史系（呼和浩特）

孟明汉　包头师范专科学校历史系

舒振邦　内蒙古社会科学院（呼和浩特）

火　鹰　内蒙古巴彦淖尔盟文物站

黑龙江省

魏文清　哈尔滨师范大学历史系

孙中家　同上

江连山　绥化师范专科学校历史系

李景山　同上

吉林省

陈连庆　东北师范大学历史系（长春）

高尚志　同上

张鹤泉　同上

马　新　同上

柳春藩　吉林大学历史系（长春）

李大生　同上

栗　劲　吉林大学法律系

吴　洁　吉林大学《史学集刊》编辑部

许宪范　延边大学历史系（延吉）

方学凤　同上

罗连举　长春师范学院

宋一夫　吉林文史出版社（长春）

辽宁省

廖德清　辽宁大学历史系（沈阳）

崔春华　同上

鄂世镛　同上

柳维本　辽宁师范大学历史系（大连）

赵忠文　同上

杨英杰　同上

张炳武　沈阳师范学院政教系

卞直甫　辽宁省社会科学院（沈阳）

王多闻　大连图书馆

山东省

韩连琪　山东大学历史系（济南）

张维华　同上

孟祥才　同上

商庆夫　同上

张金光　同上

胡新生　同上

江　淳　同上

李玉福　同上

安作璋　山东师范大学历史系（济南）

王克奇　同上

陈乃华　同上

刘德增　同上

张　进　同上

逄振镐　山东省社会科学院（济南）

赵　捷　齐鲁书社（济南）

李永先　《大众日报》编辑部（济南）

江苏省

邓　瑞　南京大学历史系

孟素卿　同上

王能毅　同上

孔祥宏　江苏教育学院（南京）

臧云浦　徐州师范学院历史系

王云度　同上

王　建　同上

臧知非　同上

李永田　同上

汤其领　连云港职业大学中文系

余行迈　苏州大学历史系

黄正藩　同上

尹占群　江苏盐城师范专科学校政史系

浙江省

胡一华　丽水师范专科学校

毕英春　同上

安徽省

苏诚鉴　安徽师范大学历史系（芜湖）

王鑫义　同上

林志华　同上

古永继　同上

张　南　《安徽史学》编辑部（合肥）

张启琛　淮南师范专科学校

江西省

黄今言　江西师范大学历史系（南昌）

尹湘豪　同上

福建省

范传贤　福建师范大学历史系（福州）

河南省

朱绍侯　河南大学出版社（开封）

龚留柱　河南大学历史系

陈长琦　同上

戴明星　《河南大学学报》编辑部

高　敏　郑州大学历史研究所

袁祖亮　同上

刘汉东　郑州大学历史系

程有为　河南省社会科学院（郑州）

黄宛峰　南阳师范专科学校

湖北省

祝马鑫　武汉大学法学院政治学系

杨剑虹　武汉大学历史系

熊铁基　华中师范大学历史系（武汉）

邹贤俊　同上

赵国华　同上

丁毅华　同上

王国文　同上

宋公文　武汉师范学院历史系

黄德馨　同上

徐扬杰　湖北省社会科学院（武汉）

张　君　《江汉论坛》编辑部（武汉）

吕名中　中南民族学院历史系（武汉）

刘慧琪　湖北郧阳师范专科学校

湖南省

李福泉　湖南师范大学历史系（长沙）

张一中　同上

冷鹏飞　同上

莫任南　同上

李绍平　同上

杨布生　《湖南师范大学学报》编辑部

罗镇岳　湘潭大学历史系

杨静婉　同上

邹启铸　常德师范专科学校历史科

罗庆康　益阳师范专科学校

王晓天　《求索》编辑部（长沙）

广东省

张荣芳　中山大学历史系（广州）

丘陶常　暨南大学历史系（广州）

陈炯光　同上

杜绍顺　华南师范大学历史系（广州）

余天炽　同上

邓志鹏　广州师范学院历史系

黄淼章　广州市文物管理委员会

广西壮族自治区

卢启勋　广西师范大学历史系（桂林）

徐硕如　同上

李向平　同上

陕西省

林剑鸣　西北大学历史系（西安）

黄留珠　同上

周天游　同上

余华青　同上

戴南海　西北大学图书馆

韩养民　西北大学历史系

贾麦明　同上

胡正明　同上

屈建军　同上

何清谷　陕西师范大学历史系（西安）

杨育坤　同上

陈恩志　同上

黄敏兰　同上

白建钢　《光明日报》社驻陕记者站（西安）

宁　品　三秦出版社（西安）

杨建禧　陕西人民出版社（西安）

马景援　同上

张廷酷　陕西省文化文物厅（西安）

张文立　秦俑博物馆（临潼）

刘云辉　同上

聂新民　同上

卢桂兰　陕西省博物馆（西安）

孙浮生　同上

雒长安　《文博》编辑部（西安）

王丕忠　同上

杨东晨　《史前研究》编辑部（西安）

郭兴文　《西安晚报》社

袁仲一　陕西省考古所（西安）

王学理　同上

韩　伟　同上

吴镇峰　同上

魏　光　同上

禚振西　同上

尹申平　同上

马振智　同上

焦南峰　同上

黄晓芬　陕西省文管会（西安）

卢飞鹰　陕西省委党校党史教研室（西安）

张铭洽　西北工业大学社会科学系（西安）

贺润坤　陕西省广播电视大学（西安）

吴小强　陕西省团校文史室（西安）

李光军　咸阳市博物馆

宁夏回族自治区

窦连荣　宁夏大学历史系（银川）

甘肃省

刘光华　兰州大学历史系

张大可　同上

陈家声　同上

叶骁军　同上

牟　范　同上

潘　策　西北师范大学历史系（兰州）

彭　曦　庆阳师范专科学校历史系

初世宾　甘肃省文物工作队（兰州）

岳邦湖　同上

吴礽骧　同上

何双全　同上

薛英群　甘肃省博物馆（兰州）

徐乐尧　同上

新疆维吾尔自治区

买买提依明肉孜　新疆大学历史系（乌鲁木齐）

彭慧敏　同上

马国莱　新疆社会科学院民族所（乌鲁木齐）

陈慧生　同上

四川省

蒙　默　四川大学历史系（成都）

宋治民　同上

罗世烈　同上

漆　鹏　同上

王子岗　同上

刘　琳　同上

周九香　同上

彭静中　同上

高大伦　四川大学博物馆（成都）

杨伟立　四川省社会科学院历史所（成都）

　　彭　年　四川师范学院历史系（成都）

　　蔡永华　同上

　　罗开玉　同上

　　陈前进　重庆师院历史系

　　管维良　同上

　　秦学颀　西南师范学院历史系（重庆）

　　杨培星　同上

　　袁定基　西南民族学院历史系（成都）

　　龙显昭　南充师范学院历史系

　　徐学书　四川阿坝州文物管理所

贵州省

　　张世德　贵州大学历史系（贵阳）

云南省

　　蔡　葵　云南大学历史系（昆明）

　　朱桂昌　云南民族学院历史系（昆明）

西藏自治区

　　林黎明　西藏民族学院历史系（陕西咸阳）

　　任树民　同上

　　雷振海　同上

（二）国内秦汉史研究机构简介[①]

1. 中国社会科学院历史所战国秦汉史研究室

该室成立于1954年，原名"秦汉史组"。1959年改称"秦汉魏晋南北朝研究室"。至1978年改名秦汉史研究室。秦汉史研究会会长、中国社会科学院历史研究所所长林甘泉同志一直指导该室的科研工作。

现任研究室主任吴树平（副研究员）。学术秘书吕宗力（助理研究员）。研究人员有张政烺（研究员）、杨希枚（研究员）、朱大昀（副研究员）、谢桂华（副研究员）、田人隆（副研究员）、叶庆雨（助理研究员）、朱国炤（助理研究员）、陈绍棣（助理研究员）、马怡（研究实习员）。

近十年来，据不完全统计，该室已发表专著十一种，整理秦汉古籍或资料十二种，论文一百五十余篇。注重发挥集体的力量，积极参加协作项目，是该室科研的一大特点。如集体编著的《中国史稿》第二册问世后，获得了好评。已经完成和即将完成的重要协作项目有《中国大百科全书》历史卷之秦汉史分卷、《中国历史大辞典》之秦汉史分册、《中国农民战争史》之秦汉卷、《中国历史文物图集》战国秦卷和西汉卷。在秦简和新出土居延汉简的整理工作中，也投入了重要的力量。其成果已经引起或即将引起国内外学者的广泛关注和好评。该室古籍整理成就斐然，《风俗通义校释》《史记汉书诸表订补十种》和《东观汉记校注》（即将出版）的问世，为秦汉史研究，特

[①] 截至1986年。

别是对其薄弱环节——东汉史的研究，创造了有利的条件。该室还注意信息工作，积极参与《中国史研究文摘》的编辑工作，并出版了《简牍研究译丛》第一、二两辑，以介绍国外有关简牍研究的重要成果。

今后五年，该室的研究重点有以下五个方面：（1）中国古代社会生活史研究（以秦汉为主）；（2）秦汉经济史研究（包括各部门经济和城市等）；（3）汉画像研究；（4）简牍研究；（5）秦汉古籍整理（如《史记集注》等）和秦汉思想文化史的研究。

该室已培养出两届硕士研究生，共三名，目前尚有一名研究生，正攻读硕士学位。有博士授予权，但暂未招收攻读博士学位的研究生。

2. 西北大学历史系秦汉史研究室

该室成立于1978年，原由陈直教授任研究室主任。

现研究室有四名人员。主任林剑鸣（教授），副主任黄留珠（副教授）。研究人员周天游（副教授）、余华青（讲师）。

该室的研究特点是以丰富的考古资料与历史文献相印证，深入进行专题研究。陈直教授的《汉书新证》《两汉经济史料论丛》《居延汉简研究》，是这方面的代表作。

自成立以来，全室已发表专著十三部，论文四十余篇。其中林剑鸣《秦史稿》和余华青、张延皓的《汉代酿酒业探讨》均获1982年陕西省社会科学研究成果一等奖。

该室科研既有统一规划，又有各自分工，研究重点大致如下：

林剑鸣以秦史为主，对秦汉史进行综合性的研究。继具有开创性的《秦史稿》之后，又完成了多卷本《秦汉史》的写作（即将由上海人民出版社分册出版）。在他的主持下，全室共同完成了《秦汉社会文明》一书,填补了有关秦汉物质生产、物质生活和精神生活诸方面的综合性研讨的空白。目前正从事《秦会要订补》的再订补和秦简《日书》的研究,然后,将把秦汉法制史作为研究重点。

黄留珠侧重于政治制度史的研究,已出版《秦汉仕进制度》一书,其中有关秦仕进制度的论述,发前人所未发,颇有创见。目前正在从事《中国古代选官制度述略》和《秦汉文化史》的撰作。

周天游以整理汉代史籍为主要研究方向,已出版《八家后汉书辑注》《七家后汉书校》《后汉纪校注》三书,《汉官六种》(有关汉官六种的五种辑本的汇校)也即将问世。目前正从事《后汉书集注》的写作,并将对东汉史和两汉社会史开展专题研究。

余华青则以研讨秦汉产业史为重点,已发表有关酿酒业、畜牧业、园圃业、林业、渔业等方面的论文多篇,并正在从事该专题综合性专著的写作。

该室已培养两届硕士研究生,共八名,目前尚有两名攻读硕士学位的研究生。

3. 华中师范大学历史系秦汉史研究室

该室成立于1977年,由中国古代史教研室负责管理。负责人邹贤俊(副教授)、熊铁基(教授)。成员有丁毅华(讲师)、赵国华(助教)、罗传芳(助教)。

近年来出版专著两部,其中熊铁基与安作璋(山东师范大学历史系教授)合著的《秦汉官制史稿》,荣获湖北省1986年社会科学研究成果二等奖。发表论文三十余篇。该室重视秦汉典章制度、土地制度、赋役制度和史学史的研究。对秦汉简牍的研讨,也做出了不少成绩。

目前邹贤俊主攻《秦汉史学史》。熊铁基则主持《汉唐文化史》

的写作，丁毅华、赵国华负责秦汉部分。

自1983年以来，该室每年招收硕士研究生二名，已毕业一届三人（包括1984届提前毕业一人），尚有五名研究生在校学习。

4. 徐州师范学院历史系秦汉史研究室

该室筹建于1980年，至1983年始正式成立。

主任臧云浦（教授），副主任王云度（副教授）。其他成员有阎孝慈（副教授）、李永田（副教授）、臧知非（硕士）王建（硕士）。

自筹建以来，出版专著一种，已完稿二种，发表论文四十余篇。其中在秦汉职官制度、汉武帝评价、徐福研究及秦土地制度方面创见尤多。

目前正在进行的集体项目有《中国古代编年史》（臧云浦主编）、《两汉会要订补》（王云度主编）。个人研究项目有《汉代四大经学家》（臧云浦）、《东汉史编年》（王云度）、《苏鲁皖豫交界地区汉画像石研究》（阎孝慈）、《汉代兵制研究》（臧知非）、《汉代经济思想研究》（王建）、《秦汉农民战争史研究》（李永田）、《秦史研究》（王云度）。

该室自1981年以来，已招收三届硕士研究生。毕业两届共三人，其中一名已成为上海华东师范大学吴泽先生的博士生。

计划在经费解决后出版《秦汉史研究》。

5. 秦始皇兵马俑博物馆研究室

该室成立于1985年5月10日，是文博系统中组织比较健全、科研活动特别活跃、成果也较显著的一个研究室。

该室主任暂缺，副主任张文立（副研究员）。成员有张仲立（助理研究员）、聂新民（助理研究员）、李钢城（助理研究员）、郭淑珍、兰军（日语翻译）、赵甄、张瑛（图书管理员）。

近年来已出版《秦始皇帝》（吴梓林、郭兴文）、《秦陵铜车马》（刘云辉）、《秦兵马俑》（张文立）三部书，发表论文三十一篇。该室有内部刊物《秦陵秦俑研究动态》，已出两期。又每年编印《秦始皇兵马俑博物馆年鉴》，已出1984年年鉴，1985年年鉴即将问世。

目前正在进行的项目有《遗址博物馆学概论》（集体编写）、《秦始皇帝陵揽胜》（张文立）。

除上述五个专门秦汉史研究室外，兰州大学历史系和西北师范学院历史系均设有汉简研究室。国家文物局古文献研究室又设有马王堆帛书和新出土居延汉简整理小组。四川师范学院历史系则正在筹建秦汉史（四川地区）研究室。

增订后记

　　1985年10月应天津教育出版社之约，撰作出版此稿，历时一年许，方草就。当时该社策划并推出《学术研究指南》丛书，邀请当时学术界一批中青年学术骨干，以大学生和研究生为主要对象，分别介绍哲学社会科学各分支的研究概况、学术成果、工作动态和发展趋势。既是本科以上学生的基本入门读物，也是学术界、文化界、新闻出版界的必备参考书。此丛书的出版。颇受欢迎，对于当时文化的拨乱反正，可谓贡献有加。我能成为其中的一名作者，也深感荣幸。

　　本书从1990年出版以来，已有34年。起初老友北京大学的刘华祝曾告诉我，此书曾一度是北京大学历史系学生的指定必读参考书。近几年来，常有些朋友和学生建议我在作学术总结时，不妨将此书重加订补，争取再版，发挥一些指津作用。因此在中国社会科学院挚友孙晓、赵凯的推荐下，中国社会科学出版社古籍分社迅速表示愿意再版此书，令我喜出望外，感动不已。

　　指南，纯属入门之书。改革开放之初，一度颇为流行。此类书所述范围可大可小，指津内容亦或详或略。大凡仁者见仁，智者见智，各有其所长，也有其所短。此类书不可或缺，也不可尽信其论。关键在于读者如何领会，如何取舍，如何运用，如何提高。当然，对待本书也不例外。

增订后记

本书联系秦汉史研究的历史与现状,主要将先师陈直先生的治学经验,以及笔者的实践心得,作了初步的简要的总结,力争从学术性和资料性两个方面,为读者开山铺路,起到抛砖引玉的作用。若此书能对青年读者有所启发和帮助,笔者将感到无上欣慰。

在撰写本书的过程中,笔者借鉴了林甘泉《研究秦汉史从何入手》(《文史知识》1983年第2期)、张传玺《怎样研究秦汉史》(《秦汉问题研究》,北京大学出版社1985年版)、安作璋《关于秦汉史的学习与研究》(《东岳论坛》1984年第3期)等论著中的精辟论断。同时又吸取了田人隆、吕宗力、彭卫、胡志宏等诸友有关国内外秦汉史研究的评述文章(多载于《中国史研究动态》《秦汉史研究会通讯》中),以及《中国历史学年鉴》有关秦汉史研究的综述文章里的有益成果。此外,在《中国古代史学习入门九讲》(中国青年出版社1986年版)一书中,刘华祝关于秦汉史部分的论述,对我也颇有启发,获益匪浅。没有上述诸师友的辛勤劳作,以我一人之微见拙力,是难以完成此书稿的。因书稿形式所限,凡从以上论文中采录之处,恕不一一注明。

此外,时任日本岛根大学副教授的籾山明博士为我提供了1980—1986年日本学者的秦汉史研究论文和专著目录,在此表示衷心感谢。

本次修订,原则上尽量保留原状,作为一次历史的纪念,作为一个研究阶段的总结。

关于秦汉史研究,现在不少认识与过去有所不同,但仍在更新过程中,不便在这种指南书中揭示。更何况本书基本内容多为定论,足资参考,因此为了方便读者,以20世纪末为限,主要在"历史文献书目""考古资料书目""近代秦汉史专著""秦汉史论文索引"诸分目中作出补充。

由于本人识见终有局限，所以疏谬之处在所难免，也望读者和有关专家不吝赐教。

最后再次感谢中国社会科学出版社的大力支持，并为责编李凯凯尽心尽力的工作致以敬意。

周天游

2024年4月